绍兴文理学院出版基金资助

浙江省自然科学基金青年项目"'一带一路'背景下模仿同构对浙江省企业国际化程度的影响——基于制度理论合宜性视角的实证研究"（项目编号：LQ18G020003）资助

内外部合法性寻求

中国企业对外投资的序贯选择

许钢祥——著

浙江大学出版社
ZHEJIANG UNIVERSITY PRESS

图书在版编目(CIP)数据

内外部合法性寻求:中国企业对外投资的序贯选择/
许钢祥著. —杭州:浙江大学出版社,2019.8
ISBN 978-7-308-19403-7

Ⅰ.①内… Ⅱ.①许… Ⅲ.①企业－对外投资－研究
－中国 Ⅳ.①F279.23

中国版本图书馆 CIP 数据核字(2019)第 161284 号

内外部合法性寻求:中国企业对外投资的序贯选择

许钢祥　著

责任编辑	周　群	
责任校对	杨利军　黄梦瑶	
封面设计	春天书装	
出版发行	浙江大学出版社	
	(杭州市天目山路 148 号　邮政编码 310007)	
	(网址:http://www.zjupress.com)	
排　　版	浙江时代出版服务有限公司	
印　　刷	浙江省良渚印刷厂	
开　　本	710mm×1000mm　1/16	
印　　张	9.25	
字　　数	163 千	
版 印 次	2019 年 8 月第 1 版　2019 年 8 月第 1 次印刷	
书　　号	ISBN 978-7-308-19403-7	
定　　价	38.00 元	

前　言

　　中国"走出去"战略的实施,不仅体现为中国对外直接投资^①金额的逐年增长,更体现为中国企业对外直接投资次数的显著增加。企业的每一次对外直接投资决策不仅受到环境中相似企业的影响,也会受到自身前期累积的投资经历的影响,这就形成了具有前后关联性的序贯投资。然而,现有关于中国企业对外直接投资的研究基本上都是基于静态分析方法,将企业的每一次对外直接投资隐含地看作互不关联的独立投资行为。显然,传统的静态分析方法难以解释企业序贯投资中呈现的跨期相关性。除此之外,这些研究通常采用效率机制对此进行解释,尽管效率机制对中国企业对外直接投资的动机和行为具有很好的解释力,然而,需要指出的是,这些研究较少关注合法性机制在中国企业序贯投资中的作用。合法性机制会对中国企业的投资决策产生作用。一方面是因为中国企业具有寻求政府和市场合法性的动机,进而采取受到政府和市场相关利益者鼓励的对外直接投资行为;另一方面是因为企业具有寻求组织内部利益相关者合法性的动机,内部制度环境会影响企业的对外直接投资决策。鉴于上述考虑,本书从制度同构视角出发,围绕对外直接投资驱动力、进入模式选择和区位选择三大投资议题,探讨合法性机制对中国企业序贯投资的影响,从而弥补以往研究的缺口。具体而言,本书包含三个子研究。

---

　　① 在本书中,"对外直接投资"与"对外投资"同义,指的是我国企业、团体等(以下简称境内投资者)在国外及港澳台地区以现金、实物、无形资产等方式投资,并以控制国(境)外企业的经营管理权为核心的经济活动。

子研究一从外部同构视角出发，探讨了中国企业对外直接投资的驱动力。具体的研究问题为：区域同构压力和行业同构压力如何驱动中国企业进行对外直接投资？所有权性质和企业规模如何影响中国企业对外部同构压力的响应？在该研究中，对外直接投资被视为一种同构行为。它可以帮助中国企业获取来自区域政府和市场利益相关者的认可。根据制度理论，本研究认为中国企业会在多大程度上从事对外直接投资这种同构行为，主要由企业受到的外部同构压力和企业自身的合法性寻求动机共同决定。子研究一采用2008—2012年107家中国企业对外直接投资的面板数据进行实证研究，结果发现当受到来自区域同构压力或行业同构压力时，中国企业参与对外直接投资的倾向性更高。相比于民营企业，国有企业回应区域同构压力的动机更强。同样地，相比于小企业，大企业回应行业同构压力的动机更强。

子研究二和子研究三则从内部同构视角出发，检验了影响中国企业"互依性"(interdependent)进入模式选择和区位选择的因素。子研究二关注的研究问题为：中国企业的合资型投资经历越丰富，再次投资时选择合资型进入模式的可能性是否会越高？对于不同所有制或不同规模的中国企业而言，这种可能性是否会表现出差异？围绕上述问题，该研究基于内部合法性机制提出：合资型投资经历的增加会提高中国企业在下一次投资时再次选择合资型进入模式的可能性。与此同时，该研究引入了两个调节变量——所有权性质和企业规模，认为国有企业和规模较大的中国企业具有更强的内部合法性寻求动机，遵循以往合法性决策的可能性更高。子研究二以126家中国上市企业进行的571项对外直接投资活动为研究对象，利用Logit模型对假设进行了检验。结果本研究的假设均得到支持。

子研究三试图探讨以下研究问题：中国企业投资发达国家的经历越丰富，再次投资发达国家的可能性是否会越高？这种可能性是否会随着外界条件如文化距离的改变而发生改变？在面对具有差异性的投资情境时，哪种类型的企业更倾向于改变以往的决策模式，国有企业还是民营企业？该研究以119家中国上市企业的498个对外直接投资项目为研究对象，从内部同构的角度剖析了投资发达国家的经历对中国企业下一次投资时的区位选择的影响，以及文化距离对上述影响的调节作用，并在此基础上进一步考察了文化距离与企业所有权性质的联合调节效应。结果发现：(1)中国企业以往投资发达国家的次数越多，下一次投资时再次投资发达国家的可能性会越高；(2)母国与东道国的文化距离越大，投资发达国家的经历对中国企业再次选择投资发达国家的正向影响将越弱;(3)母国和东道国之间的文化距离不会减弱投资发达国家的经历对国有企业再次选择投资发达国家的正向影响。

通过理论分析和实证研究,本书主要在三个方面对中国企业对外直接投资相关研究做出了贡献。第一,从制度同构视角探讨了中国企业对外直接投资驱动力、进入模式选择和区位选择等国际化议题,丰富和拓展了分析中国企业对外直接投资的理论视角。并且,通过综合运用内部合法性机制和外部合法性机制进一步深化了对不同合法性机制在中国企业对外直接投资过程中的作用的认识。第二,与以往将中国企业的对外直接投资活动视为一系列独立决策的研究不同,本书考虑了中国企业对外直接投资决策的"互依性"特征,并将这种动态分析的思路引入中国企业对外直接投资驱动力、进入模式选择和区位选择的研究中。除此之外,不仅考虑到企业自身投资决策间的相关性特征,而且也考虑到了企业间投资决策的相互依赖性的特征,特别是同行业企业与同区域企业对企业自身对外直接投资决策的影响。因此,本书基于动态分析的角度,不仅拓展了研究思路,而且丰富了关于中国企业对外直接投资的影响因素的研究。第三,本书的三个子研究表明企业特征差异尤其在所有权性质和企业规模方面的差异是中国企业在回应同构压力时表现出不一样的同构水平的重要原因。因此,本书不仅将制度理论的应用拓展到中国企业对外直接投资的情境中,更重要的是,推动了制度理论从"从上至下"的单向作用模式向企业和制度环境间更为"互动"的作用模式的转变。

目　录

1 绪 论

本章在介绍本书研究背景的基础上提出了本书的研究问题,并对主要概念进行了界定,简要介绍了研究方案和内容安排,最后对本书的主要创新点进行了展望。

1.1 研究背景

1.1.1 现实背景

随着经济全球化的深入和国际产业分工的转移,世界经济的格局正在发生着大调整和大变革,以金砖国家(BRICS)为代表的新兴市场国家在世界经济中的作用和影响日益提高,其中最为引人关注的表现之一是这些国家正在成为全球资本的重要输出力量。新兴市场国家对外直接投资尽管起步较晚,但发展迅猛,无论是投资规模还是增长速度在全球投资中都表现抢眼。联合国贸易和发展组织发布的 2015 年《世界投资报告》显示,以新兴市场为主的发展中国家的对外直接投资增长 23%,达到 4680 亿美元,占全球对外直接投资的比重从 2007 年的 13% 上升到 2014 年的 35%,见图 1.1。

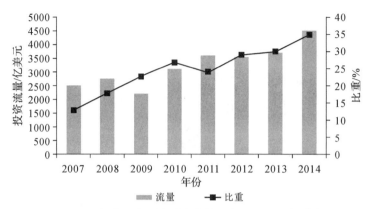

图 1.1　2007－2014 年发展中国家对外直接投资流量及其在全球所占比重①

作为新兴市场国家的领跑者，中国在对外直接投资中表现突出。自改革开放以来，中国的对外直接投资经历了从无到有，从小到大的过程。从 2003 年中国商务部开始发布年度对外直接投资统计数据以来，中国的对外直接投资连续 12 年实现增长（见图 1.2），2002—2014 年的年均增长高达 36.8％。2014 年的投资流量相较于 2013 年的投资流量增长 7.6％，为 1160 亿美元，是 2002 年的 43.0 倍，连续三年位列全球第三位。

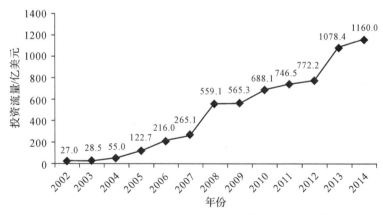

图 1.2　2002－2014 年中国对外直接投资流量情况②

伴随着对外直接投资的快速发展，中国也产生了一大批具有国际竞争力的跨国公司，比如华为、海尔、联想、吉利、TCL 和三一重工等。中国企业近些

---

① 数据来源：联合国贸易和发展会议（UNCTAD）2015 世界投资报告。
② 数据来源：中国商务部历年发布的中国对外直接投资统计公报。

年在全世界掀起了一股收购浪潮。其中,2004 年联想收购 IBM 全球 PC 业务,
2010 年吉利集团收购福特公司旗下沃尔沃轿车的全部股权,2012 年三一重工
收购德国机械工程巨头普茨迈斯特 100％股权等案例引起了全世界的关注。

尽管像华为,吉利等民营企业在对外直接投资中表现不俗,但是,国有企
业依旧是中国对外直接投资的主力军。从中国企业联合会、中国企业家协会
联合发布的"中国 100 大跨国公司榜单"来看,2014 年对外直接投资前 30 强企
业中,除吉利集团和万达集团之外,其余都是国有企业,见表 1.1。

从对外直接投资企业的规模来看,参与对外直接投资的中国企业规模
较大,通常在行业内占据主导地位。2014 年对外直接投资前 30 强企业在
2014 年"中国企业 500 强名单"中也位于前列,见表 1.1。

表 1.1　2014 年中国企业对外直接投资前 30 强

企业名称	所有权性质	对外直接投资排名	中国企业 500 强名单排名
中国石油天然气集团公司	国有	1	2
中国石油化工集团公司	国有	2	1
中国海洋石油总公司	国有	3	10
中国中信集团有限公司	国有	4	25
中国中化集团公司	国有	5	15
中国远洋运输(集团)总公司	国有	6	92
中国铝业公司	国有	7	39
中国五矿集团公司	国有	8	21
中国保利集团公司	国有	9	108
浙江吉利控股集团有限公司	非国有	10	96
中国建筑股份有限公司	国有	11	7
中国交通建设集团有限公司	国有	12	32
中国化工集团公司	国有	13	44
中国电力建设集团有限公司	国有	14	57
中国海运(集团)总公司	国有	15	184
中国兵器工业集团公司	国有	16	23
中国兵器装备集团公司	国有	17	29
海航集团有限公司	国有	18	120

续 表

企业名称	所有权性质	对外直接投资排名	中国企业 500 强名单排名
中国联合网络通信集团有限公司	国有	19	34
兖矿集团有限公司	国有	20	131
中国航空工业集团公司	国有	21	30
宝钢集团有限公司	国有	22	35
国家电网公司	国有	23	3
中国华能集团公司	国有	24	37
中国铁道建筑总公司	国有	25	11
中兴通讯股份有限公司	国有	26	173
中粮集团有限公司	国有	27	84
中国中铁股份有限公司	国有	28	13
中国冶金科工集团有限公司	国有	29	67
大连万达集团股份有限公司	非国有	30	87

数据来源:中国企业联合会、中国企业家协会联合发布的 2014 年"中国 100 大跨国公司榜单"和"中国企业 500 强名单"。

中国的对外直接投资经过多年发展,除了在微观层面上,不同所有制和不同规模的企业的投资表现呈现差异以外,在宏观层面上,不同行业间和不同省份间的投资规模差距也日益明显。在行业层面,尽管中国的对外直接投资涉及的产业门类广泛,包括租赁和商务服务业、采矿业、批发和零售业、建筑业、制造业、房地产业、交通运输业、仓储和邮政业等 15 大门类,但是,投资主要集中在租赁和商务服务业、批发和零售业、采矿业上,这三大行业成为中国对外直接投资的主要领域,见表 1.2。

表 1.2 2014 年中国对外直接投资涉及的主要行业投资情况

行业	投资额/亿美元	占全年投资额比例/%
租赁和商务服务业	368.3	29.9
批发和零售业	182.9	14.9
采矿业	165.5	13.5
金融业	159.2	13.0
制造业	95.8	7.8

数据来源:中国商务部发布的《2014 年度中国对外直接投资统计公报》。

　　除了行业间投资规模的差异,不同省份间的投资差距也较大。广东、北京、山东、江苏、浙江占据 2014 年中国对外直接投资前五强,而西藏、青海、贵州、山西、内蒙古排在对外直接投资的后五位。其中,排在首位的广东 2014 年的非金融类对外直接投资流量达到 960066 万美元,而位列最后一位的西藏仅为 394 万美元,仅占到广东的 0.04%,见表 1.3。

表 1.3　2014 年中国非金融类对外直接投资分省区市情况

排名	省份	投资额/万美元
1	广东省	960066
2	北京市	554737
3	山东省	441095
4	江苏省	417526
5	浙江省	359113
6	上海市	344773
7	天津市	147455
8	辽宁省	142081
9	福建省	137686
10	云南省	105228
11	四川省	89837
12	湖南省	75955
13	海南省	70001
14	重庆市	68884
15	江西省	65809
16	河南省	62614
17	黑龙江省	58586
18	湖北省	57618
19	新疆维吾尔自治区	50280
20	安徽省	46877
21	陕西省	45372
22	河北省	34959
23	宁夏回族自治区	34471
24	广西壮族自治区	28934

续　表

排名	省份	投资额/万美元
25	吉林省	25569
26	甘肃省	22568
27	内蒙古自治区	21200
28	山西省	18776
29	贵州省	10093
30	青海省	2039
31	西藏自治区	394

数据来源：中国商务部发布的《2014 年度中国对外直接投资统计公报》。

在参与对外直接投资的中国企业中，已进行多次对外直接投资的企业越来越多。根据中国商务部《境外投资企业（机构）名录》披露的信息，本书对参与对外直接投资的上市企业的投资次数进行了统计。截至 2014 年，参与过对外直接投资的中国上市企业有 1002 家，其中参与 2 次及以上对外直接投资的上市企业有 482 家，占 48.1%，见表 1.4。

表 1.4　中国上市企业对外直接投资次数及占比情况

次数	企业数/家	占比/%
1 次	520	51.9
2 次及以上	482	48.1

从上述对中国对外直接投资的描述性统计分析看，有一些有趣的现实问题值得我们进一步思考：为什么行业间或省份间的对外投资会呈现差异？为什么"走出去"的中国企业大多是国有企业或者大企业？所有权性质和企业规模如何影响中国企业的对外直接投资决策？随着企业自身对外直接投资经历的增加，前期的投资经历会对下一次投资产生什么样的影响？

1.1.2　理论背景

以新兴市场为主体的发展中国家的对外直接投资发展迅猛。无论是在产业界还是学术界，这已经成了一个重要的议题。联合国贸易和发展会议（UNCTAD）对此也高度重视，甚至将 2006 年世界投资报告的题目定为《2006 年世界发展投资报告：来自发展中经济体和转型经济体的外国直接投资：对发展的影响》。报告特别指出，发展中国家的对外直接投资不仅为其母国提供了发展机会,而且为东道国提供了外来资本和新的知识。除此之外,新兴市场国家的对外直接投资活动以及新兴市场跨国企业的投资行为也是国际商务领域和战略管理领域的一个研究热点。国际商务学会(Academy of International Business)在学术年会上对新兴市场国家的对外直接投资进行了专门讨论。国际商务领域的顶尖期刊,如《国际商务研究学报》(*Journal of International Business Studies*)、《国际管理期刊》(*Journal of International Management*)、《世界商务期刊》(*Journal of World Business*)组织专刊对新兴市场跨国企业的国际化行为进行了探讨。其中,新兴市场跨国企业的对外直接投资驱动力、进入模式选择和区位选择是学者们最为关心的三大研究主题(Lu et al.,2011)。

企业对外直接投资驱动力、进入模式选择和区位选择也是主流对外直接投资理论一直探讨的三大研究议题。主流对外直接投资理论以"企业特定优势论"和"过程论"为代表(Buckley et al.,2007)。"企业特定优势论"沿袭了 Hymer(1976)垄断优势理论的经济学派传统,其代表理论是国际生产折中理论(OLI)(Dunning,1980)。该理论基于两个基本原则:第一,当企业内部化带来的利益超过因外部市场不完善造成的额外成本时,企业具有内部化的动机;第二,企业选择运营成本低的地区进行投资(Buckley et al.,1976)。该理论暗含了"企业只有具备相对于东道国企业的优势时才会从事对外直接投资"这一前提。因此,持"企业特定优势论"的学者认为,企业进行对外直接投资的主要目的是利用其具备的特定优势,如先进的管理能力和技术能力。这意味着当企业拥有的优势足以弥补因对外直接投资而遭遇的外来者劣势(liability of foreignness)时,企业就具备了对外直接投资的动机。根据企业投资动机的差异,Dunning 等(2008a)认为可以将对外直接投资类型划分为三类:海外市场寻求型对外直接投资、效率寻求型对外直接投资和资源寻求型对外直接投资。其中资源寻求型对外直接投资又可以划分为自然资源寻求型对外直接投资和战略资产寻求型对外直接投资。

"过程论"则来自以 Johanson 等(1977)为代表的瑞典 Uppsala 行为学派。这一理论的潜在假设是企业的对外直接投资是一个渐进的经验学习过程。企业通过时间消耗和不断地进行对外直接投资活动,在"干中学"这一过程中积累东道国知识和发展组织能力。"过程论"认为地理距离、文化距离、心理距离、制度距离导致的外来者劣势会促使企业在对外直接投资过程中采用渐进的发展路径。在区位选择上,企业遵循从投资距离母国较近的国家到投资距离母国较远的国家的发展路径;在进入模式选择上,企业则采用从投资风险和资源承诺较小的模式到投资风险和资源承诺较大的模式的渐进原则(Johanson et al.,1977;Autio,2005)。这意味着在对外直接投资的初期阶段,企业不可能先对距离较远的国家和地区投资，只能遵循由近及远的发展路径。

无论是"企业特定优势论"还是"过程论"，它们的研究对象都是发达国家的跨国企业。然而，新兴市场跨国企业与发达国家跨国企业相比，不具备折中理论中的所有权优势，在技术、管理和营销方面都处于劣势（Ramasamy et al.，2012）。按照"企业特定优势论"的逻辑，新兴市场国家的企业不应该具有向发达国家进行对外直接投资的动机，只可能向其他发展中国家投资。并且，投资活动也不会发生在价值链的上端，只能局限于价值链的下端。但是，事实并非如此，新兴市场跨国企业对发达国家的投资大量增加。并且，投资活动也扩展到价值链更上端的增值活动中（Luo et al.，2007）。新兴市场跨国企业也没有遵循"过程论"的渐近原则。例如，中国的跨国企业开始从事对外直接投资时，其对外直接投资主要集中在美国、加拿大等与中国在地理距离和文化距离方面相差较大的发达国家。即使向发展中国家和地区投资，中国的跨国企业也主要投向英属维尔京群岛和开曼群岛等避税天堂，或者投向与中国地理距离和文化距离相差较大的非洲地区。然而，与中国在文化和地理距离上相近的东南亚国家和地区并没有成为中国跨国企业的主要投资目的地（李凝等，2011）。

以发达国家跨国企业为研究对象的主流对外直接投资理论，受到了新兴市场跨国企业投资实践的挑战。主流对外直接投资理论的局限性在解释新兴市场跨国企业的对外直接投资活动时也逐渐显现出来。在学术界，关于这些主流对外直接投资理论对新兴市场跨国企业的对外直接投资的解释力，学者们的观点也出现了分歧。一些学者坚持主流对外直接投资理论的"普适性"原则，认为新兴市场跨国企业与发达国家跨国企业在对外直接投资方面的差异并没有大到需要开发新的理论来解释，只需要对现有理论进行拓展。持"普适性"原则的代表学者主要是 Dunning 等。他们也注意到了新兴市场跨国企业对外直接投资行为的独特性，并对折中理论进行了拓展。一方面，Dunning（1995）拓展了所有权优势的范畴，除了先进的技术和管理能力之外，通过与其他组织建立合作关系而在企业内部建立的能力和竞争力也被纳入所有权优势的范畴。也就是说，新兴市场跨国企业尽管没有先进的技术和管理能力，但是，它们在特定的市场环境中开发的竞争优势也可被应用到国际市场（Cuervo-Cazurra et al.，2008）。另一方面，Dunning 等（2008b）也将制度因素纳入了折中理论中。制度方面的差异也被越来越多的学者认为可能是导致新兴市场跨国企业和发达国家跨国企业在对外直接投资行为方面表现出差异性的重要原因（Buckley et al.，2007）。

然而，与 Dunning 等不同，一些学者持"独特论"观点，认为主流的对外直接投资理论对企业对外直接投资行为的解释建立在对发达国家跨国企业的投资现象的观察上,难以解释新兴市场跨国企业独特的对外直接投资行为。比如:为什么新兴市场跨国企业在国际扩展过程中具有更强的进取心,采取资源承诺更大的进入模式,并且选择风险更大的投资目的地?因此,有必要开发新的理论或采用新的视角来解释新兴市场跨国企业对外直接投资的独特性。其中具有代表性的是 Luo 等(2007)开发的新兴市场跨国企业在国际扩张中的"跳板"(springboard)理论和 Mathews(2006)提出的解释新兴市场跨国企业对外直接投资的联结-利用-学习理论(linkage-leverage-learning framework,LLL 理论)。跳板理论在企业和制度两个层面上系统解释了新兴市场跨国企业国际扩展的动机、"拉动"和"推动"国际扩张的因素、特有的行动以及在国际扩张中面临的挑战,见图 1.3。Luo 等(2007)认为新兴市场跨国企业将国际扩张作为跳板,一方面,在企业层面上通过国际扩张获得发达国家先进的战略资产,以克服其后来者劣势;另一方面,在制度层面上,通过对外直接投资来规避母国的制度约束和市场制约。

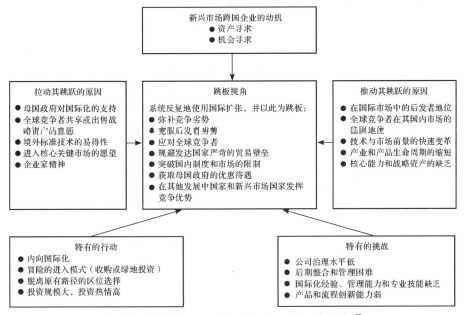

图 1.3 新兴市场跨国企业的国际扩张:跳板视角①

① 资料来源:Luo Y D, Tung R L, 2007. International expansion of emerging market enterprises:a springboard perspective. Journal of International Business Studies,38(4):481-498.

　　澳大利亚学者 Mathews（2006）在《亚太管理期刊》(*Asia Pacific Journal of Management*)发表的《龙跨国企业：21 世纪全球化的新主角》(Dragon multinationals：new players in 21st century globalization)一文中正式提出了 LLL 理论，并对该理论进行了详细的阐述。Mathews（2006）认为作为后发者的新兴市场跨国企业可以通过与外部资源联结、利用外部资源，并在反复进行上述两个过程中学习对外直接投资，从而获得竞争优势。而且，LLL 理论并不仅仅强调联结-利用-学习这一过程，更重要的是 LLL 的每一个阶段都对应着相关能力的运用。联结指的是建立关系、识别并缩小差距的能力；利用是指利用外部资源，并发挥自身比较优势的能力；学习指的是向发达国家跨国企业学习的能力（Peng，2012）。反复多次地运用联结、利用和学习可以推动自我的加速发展，帮助新兴市场跨国企业获取先进的技术和管理能力，并将它们转化为企业的竞争优势。因此，LLL 理论可以解释新兴市场跨国企业快速国际化的现象。同时，Mathews（2006）在文中指出了 LLL 理论和 OLI 理论的区别，见表 1.5。他认为，OLI 理论以所有权优势为分析起点，强调企业在对外直接投资过程中对自身优势的利用，因此，OLI 理论难以解释缺乏所有权优势的新兴市场跨国企业的国际化扩张现象；而 LLL 理论认为，新兴市场跨国企业国际化的出发点是对资源的寻求和能力的积累，因此，与外部组织建立联系对新兴市场跨国企业来说十分重要。

表 1.5　OLI 理论与 LLL 理论的比较

项目	OLI 理论	LLL 理论
动机	优势利用	资源寻求
区位选择	作为垂直一体化部分的区位	作为国际化网络一部分的区位
生产方式	倾向于跨国界内部化生产	倾向于通过与外部建立联系来生产
学习	不涉及	反复进行联结和利用进行学习
国际化进程	不涉及	与外部组织建立联系进行海外扩张
组织	不涉及	追求全球化整合
推动范式	降低交易成本	追求后发优势
期待	相对静态的观察	动态发展的过程

　　资料来源：Mathews J A，2006. Dragon multinationals：new players in 21st century globalization. Asia Pacific Journal of Management，23(1)：5-27.

　　除了"普适性"观点和"独特论"观点，还有一些学者的观点介于两者之间。这些学者并不强调理论的"普适性",或者开发新理论的必要性,而是更加关注新兴市场国家与发达国家的差异,以及新兴市场跨国企业行为的独特性,并且在此基础上给出相应的解释。例如,2007 年发表在《国际商务研究学报》(*Journal of International Business Studies*)上的《中国对外直接投资的影响因素》(The determinants of Chinese outward foreign direct investment)(Buckley et al.,2007)和 2012 年发表在《全球战略期刊》(*Global Strategy Journal*)上的《中国跨国企业的全球战略》(The global strategy of emerging multinationals from China)(Peng,2012)从国家和企业层面详细地阐述了中国制度环境的独特性和导致中国企业在国际化扩张中出现独特行为的原因。在国家层面上,一方面,中国的资本市场存在缺陷,但是,正是这种存在缺陷的资本市场推动了中国企业的对外直接投资,使得中国企业尤其是国有企业可以用低于市场利率的价格获得资本(Buckley et al.,2007)。另一方面,以往以发达国家跨国市场为研究对象的研究主要强调东道国政府的影响,而忽视了母国政府的作用。然而,从制度观的视角来看,跨国企业同时受到母国和东道国政府的影响,尤其是新兴市场跨国企业受到母国政府的影响更大,这种影响既包括积极正面的影响,也包括消极负面的影响。新兴市场国家的政府(如中国政府)为了鼓励企业进行对外直接投资,颁布了一系列的政策来支持本国跨国企业的对外直接投资行为。母国政府除了发挥积极的作用之外,也有消极的一面,新兴市场国家内部通常面临制度缺陷,甚至存在歧视本土企业的现象。例如,中国政府为了吸引外资,给了外资企业包括税收减免等优惠措施,这使得在本土市场上,中国企业面临不公平的竞争。因此,中国许多企业在开曼群岛、英属维尔京群岛注册公司,获得外资身份之后,再反向投资国内(Peng,2012)。在企业层面上,新兴市场国家尽管缺乏所有权优势,比如部分中国企业的高层管理者缺乏英语沟通能力,不熟悉东道国的规则等(Peng,2012),然而,新兴市场跨国企业可以依靠网络联结能力来获得市场信息和市场机会,从而弥补自身能力的不足(Buckley et al.,2007)。Peng(2012)也注意到并购成了中国企业进入海外市场的主要模式。他认为中国企业并购的一部分原因是期待获得战略资产,还有一部分不太被注意的原因是管理层的自我利益诉求,因为通过并购使企业扩大规模、业务变得复杂可以提升管理层的薪酬回报,这可以部分解释中国企业并购失败率高的现象。另外,一些非理性因素如国家自豪感也是影响中国企业采用并购模式,并在并购过程中出价高出正常水平的一个原因(Hope et al.,2011)。

无论是以发达国家跨国企业为研究对象的主流对外直接投资理论 (Buckley et al.，1976；Johanson et al.，1977)，还是以新兴市场跨国企业为研究对象的"新"对外直接投资理论(Mathews，2006；Luo et al.，2007)，它们都主要强调效率机制，例如，提高市场占有率、获得资源和降低交易成本等。然而，企业嵌在高度结构化的历史和文化情境中，它们在做决策时除了受到效率机制的影响，也受到"历史先例和社会正当性"的影响(Oliver，1992)，也就是说，企业决策时受到制度合法性机制的制约。因此，本书将从制度同构视角出发，探讨合法性机制在中国企业对外直接投资决策中的作用，同时，也将企业的内部特征(所有权性质和企业规模)和外部特征(文化距离)对中国企业寻求合法性动机的影响纳入研究中。

1.2　研究问题

近年来，中国的对外直接投资增长非常迅速，引起了国内外国际商务领域学者的广泛关注。已有许多研究围绕中国企业对外直接投资的各种议题包括中国企业对外直接投资的驱动力、进入模式选择和区位选择展开了讨论。这些研究主要建立在效率机制的基础上，认为中国企业的对外直接投资以追求效率为目的，例如：扩大市场份额、降低交易费用或者增加资源获取渠道(Buckley et al.，2007；Luo et al.，2007；Cui et al.，2014)。尽管效率机制对中国企业对外直接投资的动机和行为具有很大的解释力，然而，需要指出的是，这些研究尚存在以下不足。第一，效率机制难以解释中国企业对外直接投资高失败率和高投资率之间存在的矛盾(Peng，2012)。第二，这些研究较少关注合法性机制在中国企业对外直接投资决策，尤其在序贯投资中的作用。中国企业嵌在一个高度结构化的文化和历史情境中，它们在制定决策时，除了经济利益上的考量外，也受到历史先例和社会正当性等制度因素的影响(Chan et al.，2006)。合法性机制会对中国企业对外直接投资决策产生影响，一方面是因为中国企业的投资行为具有寻求政府和市场合法性的动机(Grimm et al.，2006；Luo et al.，2010；Wang et al.，2012a)，另一方面是因为企业的投资决策受到内部制度环境的影响(Lu，2002；Yiu et al.，2002)，如企业管理层对对外直接投资的态度及战略取向等。杨东宁等(2005)指出，合法性概念应该拓展到企业内部决策者的态度、导向及认知等方面。因此，探讨合法性机制在中国企业对外直接投资中的作用,有助于丰富我们对中国企业对外直接投资动机和行为的认识,尤其有助于解释出于非效率性考虑的投资行为。因此,有必要探讨合法性机制在中国企业对外直接投资决策制定过程中的作用。

此外,现有针对中国企业对外直接投资的研究,主要将企业的每次投资视为一种互不相关的独立行为(刘慧等,2015)。然而,随着企业自身投资次数的增加以及越来越多的中国企业参与到对外直接投资活动中,企业的对外直接投资决策受到以往决策经历以及周围其他企业的投资决策的影响越来越大。企业每一次对外直接投资决策不仅受到环境中相似企业投资经历的影响,也会受到自身前期累积的投资经历的影响,这就形成了具有前后关联性的序贯投资(Guillén,2002)。而且已有学者开始关注中国企业的对外投资序贯选择,如刘慧等(2015)、Lu等(2014)。因此,进一步探讨序贯投资选择的特征和作用机制,对我们更好地理解和诠释中国企业对外直接投资行为具有理论和现实意义。

值得指出的是,现有研究很少系统性地探讨所有权性质和企业规模在企业寻求内外部制度合法性过程中的作用。一方面,与非国有企业相比,国有企业与政府的关系更加紧密(Cui et al.,2012),得到政府更多隐性和显性的支持(Pan et al.,2014;Xia et al.,2014),国有企业的决策者具有更强的政府思维(Wang et al.,2012a),国有企业的决策过程更加程序化。另一方面,由于企业规模的差异,大企业比小企业拥有更多的资源,得到市场和消费者的关注更多,大企业的决策程序也更加程序化(Grimm et al.,2006)。所有权性质和企业规模的差异导致企业寻求内外部合法性的动机和对制度压力的响应也呈现出差异。因此,将所有权性质和企业规模纳入研究,有助于我们理解国有企业和大企业成为中国对外直接投资主体的原因。此外,在国际商务研究领域,文化因素是影响企业对外直接投资决策的重要因素之一,直接关系到企业对外直接投资的成败和绩效(阎大颖,2009)。尽管已有研究探讨了文化因素在企业寻求外部合法性过程中的作用(Li et al.,2015),然而,现有研究尚未充分探讨文化因素对企业内部合法性寻求动机的影响。当东道国和母国之间的文化距离较大时,企业习惯采用的投资决策或做事方式可能在新的环境中并不适用(Quer et al.,2012)。如果只是遵循内部的决策惯例而忽视外部环境因素的影响,企业可能面临更高的决策风险。在这种情况下,企业寻求内部合法性的动机可能会减弱。因此,将文化距离对内部合法性寻求动机的影响纳入研究可以弥补以往文化距离对合法性寻求动机影响的研究所忽略的部分。

　　基于上述分析，并结合现实背景和理论背景的介绍，本书将围绕中国企业对外直接投资的驱动力、进入模式选择和区位选择三大主题，探讨内外部合法性机制在中国企业制定对外直接投资决策过程中的作用，具体研究以下问题：（1）区域同构压力和行业同构压力如何驱动中国企业进行对外直接投资？所有权性质和企业规模如何影响企业对外部同构压力的响应？（2）中国企业的合资经历越丰富，再次投资时选择合资型进入模式的可能性是否会越高？对于不同所有制类型或不同规模的企业而言，这种可能性是否会表现出差异？（3）中国企业投资发达国家的经历越丰富，再次投资发达国家的可能性是否会越高？这种可能性是否会随着外界条件如文化距离的改变而发生改变？在面对差异性的投资情境时，哪种类型的企业更倾向于改变以往的决策方式，国有企业还是民营企业？在问题（1）中，本书基于外部合法性视角，主要回答区域或行业间对外直接投资程度出现差异的原因，并探讨了所有权性质和企业规模在分别回应区域同构压力和行业同构压力时的调节作用。问题（2）和（3）探讨了内部合法性机制对中国企业的进入模式选择和区位选择的影响。其中，在问题（2）中，本书考虑了因企业的所有权性质和企业规模的不同导致的企业决策方式的差异对企业内部合法性寻求动机的影响。而在问题（3）中，本书考虑了内部因素（企业的所有权性质）和外部因素（文化距离）对企业内部合法性寻求动机的联合效应。

1.3　主要概念界定

　　序贯投资选择（sequential investment choices），从广义上来讲，考虑的是历史决策对当下决策的影响，强调决策累积性的作用；从狭义上来讲，关注的是先前决策对下一次决策的影响，侧重的是决策的先后顺序。本书在参照刘慧等（2015）和 Guillén（2002）观点的基础上，采用了广义上的定义，强调以往累积性投资对企业下一次投资的影响。

　　合法性（legitimacy）指的是被接受和被认可，适宜、毋庸置疑的可信性等（Deephouse，1996；Dacin et al.，2007），它表示组织的行为被制度环境中的利益相关者接受和认可的程度。本书对合法性的定义在保留了制度理论对"legitimacy"概念的基本定义的基础上，参照了杨东宁等（2005）的解释，指企业的行为被利益相关者接受和认同。企业的行为是否具有合法性取决于其表现是否符合利益相关者的期许。行为合法性的产生机制主要有两种：

一种是从频率的角度,行为因多次被采用而被接受;另一种是从历史决策的效率角度,某一决策因在组织的历史上被采用并取得了良好的效果而被认可(Staw et al., 2000)。

1.4 研究方案

1.4.1 研究对象

本书的研究对象是沪深两市 A 股上市公司的对外直接投资活动。本书是企业层面的研究,样本数据主要由中国商务部发布的《境外投资企业(机构)名录》、国泰安(CSMAR)数据库、上市公司年报和《2013 年 2 季度上市公司行业分类结果表》的数据和信息匹配得到。考虑到本书的数据以《境外投资企业(机构)名录》中的信息为基础,因此,需要简要描述该名录的基本情况。《境外投资企业(机构)名录》由中国商务部发布,是目前最权威的中国对外直接投资的数据来源之一,提供了中国企业对外直接投资的基本情况,名录中披露的信息包括:境内投资主体的名称、境内投资主体的所属地、境外投资企业(机构)名称、境外投资企业(机构)的经营范围、投资目的以及项目的核准日期。

由于本书样本的基础信息来自中国商务部发布的《境外投资企业(机构)名录》,因此,本书涉及的对外直接投资概念参照了中国商务部、国家统计局、国家外汇管理局《对外直接投资统计制度》(商合发〔2010〕520 号)对"对外直接投资"的定义:"对外直接投资是指我国企业、团体等(以下简称境内投资者)在国外及港澳台地区以现金、实物、无形资产等方式投资,并以控制国(境)外企业的经营管理权为核心的经济活动。"

1.4.2 技术路线

本书主要以管理学、组织社会学等学科为基础,整合了对外直接投资理论、战略管理理论和社会制度学等知识,利用战略管理领域常用的二手公开数据进行统计分析,探索与验证影响中国企业对外直接投资序贯选择的作用机理的相关命题,旨在发现内外部合法性机制对中国企业对外直接投资的驱动力、进入模式选择和区位选择的影响,以及中国企业的自身特征对内外部合法性寻求动机的影响,从而拓展现有解释中国企业对外直接投资的理论视角。技术路线是科学合理地解决研究问题的指导性框架，本书的技术路线遵循管理学研究由浅入深、由关系到机制的原则，沿"提出问题—综述文献—展开研究—总结贡献"的设计思路展开，见图1.4。

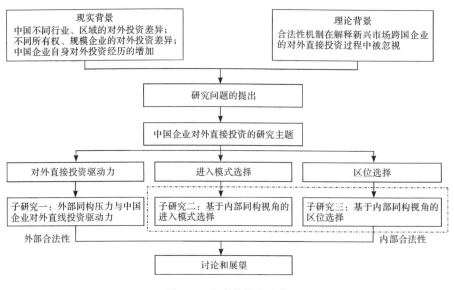

图1.4　本书的技术路线

1.4.3　研究方法

本书主要采用文献研究方法和实证研究方法。实证研究遵循"识别研究问题—文献阅读与理论推导—提出假设—搜集数据—假设检验与实证分析—提出结论和贡献"的思路开展（Hevner et al.，2004；Peffers et al.，2007）。

1.4.3.1　文献研究方法

第一，在研究问题形成之前，围绕对外直接投资驱动力、进入模式选择和区位选择三大主题，按照逐步聚焦研究对象的方法搜集和阅读文献。首先广泛阅读《国际商务研究学报》（*Journal of International Business Studies*）、《国际管理期刊》（*Journal of International Management*）、《世界商务期刊》（*Journal of World Business*）、《国际商务评论》（*International Business Review*）、《战略管理期刊》（*Strategy Management Journal*）等国际商务领域和战略管理领域主流期刊上的文献，一方面了解国际商务领域的研究脉络，另一方面把握国际商务领域的研究前沿。在此基础上，再阅读以新兴市场跨国企业为研究对象的相关文献,并扩大阅读期刊的范围,重点阅读以亚太地区企业尤其是中国企业为研究对象的《亚太管理期刊》(*Asia Pacific Journal of Management*)和《管理和组织评论》(*Management and Organization Review*)。最后将关注焦点集中在中国企业的对外直接投资上,除了阅读国外期刊上关于中国企业对外直接投资的文献以外,也将国内经济管理领域优秀的期刊如《管理世界》《南开管理评论》《经济研究》《国际贸易问题》纳入阅读范围。通过广泛阅读、分析和归纳大量文献,厘清国内外对外直接投资的研究情况。

第二,在广泛阅读文献的基础上,结合中国企业对外直接投资的发展现状,识别研究缺口(research gap),并提出研究问题,设计并开展研究活动。

第三,在子研究一、子研究二和子研究三中,本书还将运用文献研究的方法建立变量的测度和计量模型。

1.4.3.2　实证研究方法

第一,基于已有研究中存在的理论缺口,在此基础上提出研究假设。

第二,本书的数据来源为公开的二手数据。这是因为本书涉及的研究变量均为现有研究中的常用变量,具有良好的理论基础和成熟的测度方法。

第三,根据因变量的数据特征,本书的数据统计分析主要采用面板负二项回归(negative binomial regression)和逻辑回归(logit regression)两种方法。

第四,根据研究问题,本书设计了三个子研究。子研究一基于外部合法性机制探讨了有关中国企业对外直接投资驱动力的问题;子研究二和子研究三基于内部合法性机制分别探讨了有关中国企业对外直接投资的进入模式选择和区位选择问题。

1.5　内容安排

本书共六章,分别为:绪论、文献综述、子研究一、子研究二、子研究三、讨论和展望。具体安排如下:

第一章为绪论,介绍本书的研究背景、研究问题、主要概念界定、研究方案、内容安排和主要创新点。

第二章为文献综述,首先介绍组织社会学的新制度学派的理论逻辑和实证研究,其次围绕对外直接投资驱动力、进入模式选择和区位选择三大议题，综述关于中国企业对外直接投资的已有研究。

第三章为子研究一，探讨了区域同构压力与行业同构压力如何驱动中国企业进行对外直接投资这一问题。在此基础上，进一步探讨了所有权性质和企业规模分别如何影响中国企业对区域同构压力与行业同构压力的响应。

第四章为子研究二，探讨了以往的合资型进入模式经历与中国企业下一次投资时的进入模式选择之间的关系，在此基础上，进一步探讨了企业的所有权性质和企业规模如何影响中国企业对内部同构压力的响应。

第五章为子研究三，探讨了以往在发达国家的投资经历与中国企业下一次投资时的区位选择之间的关系，接着讨论母国和东道国之间的文化距离如何影响中国企业对内部同构压力的响应。在此基础上，进一步探讨当外部环境变化时，企业响应内部同构压力的程度是否与企业的所有权性质有关。

第六章为讨论和展望，从总体上概述本书的研究结论、理论贡献、实践启示、研究局限及展望。

1.6　主要创新点

本书主要有以下创新点：

第一，本书针对中国企业参与对外直接投资次数增加的现实情况，将研究关注点集中在中国企业对外直接投资的序贯选择上。已有关于中国企业对外直接投资的研究基本上都采用静态分析方法，将企业的每一次对外直接投资隐含地看作互不关联的独立投资行为。显然，这种静态分析方法难以把握序贯投资的特征。此外，这些研究忽视了一些影响中国企业对外直接投资因素的作用强度会随着中国企业投资次数的增加发生改变的事实，比如随着中国企业在同一东道国投资次数的增加，该东道国和母国之间的文化距离的作用会渐趋减弱。因此，本书对序贯投资的关注不仅把握了当前中国企业参与对外直接投资次数不断增加的现实特征，而且有助于关注中国企业对外直接投资的研究者进一步探讨中国企业对外直接投资的序贯选择特征和影响因素。

第二，本书从制度同构视角探讨合法性机制在中国企业对外直接投资序贯选择中的作用。现有为数不多的几篇以中国企业对外直接投资为主题

的研究,探讨了以往的投资经历对下一次投资决策的影响。如 Lu 等(2014)
强调学习机制的作用,而刘慧等(2015)关注经验对降低投资风险的作用,可
见这些研究主要强调效率机制的作用。虽然企业是经济实体,但是,企业处
在制度环境中,也受到"历史先例和社会正当性"的影响(Oliver,1992)。也
就是说,除了效率寻求动机外,企业也有合法性寻求动机。因此,探讨合法
性机制在中国企业对外直接投资序贯选择中的作用,有助于我们更加全面
深入地理解中国企业对外直接投资决策背后的影响机制。

第三,在上述第二点的基础上,本书进一步探讨了内外部合法性机制的
作用。考虑到企业自身也是一个制度环境,企业除了寻求外部制度环境的
合法性外,也有寻求组织内部合法性的动机,因此,本书同时纳入了内外部
合法性机制在中国企业对外直接投资过程中的作用,这有助于弥补现有采
用合法性视角的研究"单方面侧重外部合法性动机的作用或是单方面侧重
内部合法性动机的作用"的不足。

第四,本书还探讨了不同所有权性质和不同规模的企业在外部合法性
寻求动机和内部合法性寻求动机方面的差异,研究发现国有企业和大企业
具有更强的外部合法性寻求动机和内部合法性寻求动机,更加容易受到周
围其他企业和企业自身以往的国际化决策的影响。尽管 Morck 等(2008)指
出,国有企业和大企业是参与中国对外直接投资的主力军,然而,探讨国有
企业或大企业的投资动机的实证研究还比较少。因此,本书不仅丰富了关
于中国企业对外直接投资动机的研究,而且有助于我们进一步认识国有企
业和大企业的对外直接投资行为。

2 文献综述

本书基于制度同构视角探讨影响中国企业对外直接投资决策的因素，涉及的理论主要是组织社会学的新制度学派，关注的研究议题是中国企业对外直接投资驱动力、进入模式选择和区位选择。本章将对新制度学派的理论思路及其应用、中国企业对外直接投资的研究现状进行综述。

2.1 组织社会学的新制度学派

2.1.1 同构现象

在新制度学派出现之前，许多现代组织理论试图解释组织在结构和行为方面表现出的差异。Hannan 等（1977）在文章开头就提出了当时组织理论普遍关注的问题："为什么存在多种多样的组织？"然而，新制度学派试图解释的一个中心问题是："为什么现代社会中的组织越来越相似？"他们强调的是相似性而不是差异性。组织变得越来越相似的过程被称为"同构"（iso-morphism）。同构是一个限制的过程，驱动组织与其所处环境中的其他组织类似（DiMaggio et al.，1983）。

最典型的一个同构现象就是组织采用科层制的过程。在韦伯关于科层制的论文中，他认为科层制是理性精神在组织中的体现，是控制组织中个体的有效且强有力的手段。在韦伯看来，资本主义企业在市场上的竞争、国家间的竞争增强了统治者控制下属和公民的需要以及中产阶级要求得到法律的平等保护是组织采用科层化的三大原因(Weber,1978)。在科层制被采用的早期,韦伯的论述得到了普遍的认同。然而,随着科层制的持续扩张,在国家机构和企业组织普遍采用科层制的情况下,组织结构的变迁越来越少受到韦伯提出的竞争和效率驱动的影响。在这种情况下,组织可以选择新的组织结构的空间似乎变得越来越大,可是,在现实中,组织结构的同质化趋势并没有改变,科层制仍是被普遍采用的组织结构(DiMaggio et al.,1983)。不同企业、学校、社会福利机构等组织机构的内部形式仍旧非常相似,都采用了科层制的等级结构。这一过程也难以用基于效率原则的权变理论来解释。权变理论认为组织内部的结构是组织的目标、任务、技术和环境条件的函数,这些方面的差异理应导致组织不同的内部结构。由此可见,促使组织相似的过程并不必然是效率寻求的结果。

组织结构的同构是新制度学派最先关注的领域或主题,随着新制度学派的发展,有学者发现企业在战略上也存在同构现象。战略同构指的是企业在战略上表现出相似性的过程(Deephouse,1996)。因此,如何解释同构现象的发生这一问题引起了学术界尤其是新制度学派研究者的关注(张永宏,2007)。

2.1.2 合法性机制

首先尝试对同构现象提出解释的学者是 Meyer 等(1977),他们也被认为是新制度学派的代表人物。1977 年,他们在《美国社会学期刊》(*American Journal of Sociology*)上发表了《制度化的组织:作为神话和仪式的正式结构》("Institutionalized organizations: formal structure as myth and ceremony")一文。该文提出了新制度学派的一系列核心观点。新制度学派的一个基本观点是从组织环境的角度去研究和认识组织行为,从而对各种各样的组织现象给出解释。并且,在考虑环境的影响时,除了考虑技术环境以外,还需要考虑组织所处的制度环境(Tolbert et al.,1983;Westphal et al.,1997)。制度环境指的是由法律制度、文化期待、社会规范和观念制度等构成的被人们"广为接受"的社会事实。除了组织所处的外部制度环境以外,组织本身也是一个"微型"制度环境。这一内部制度环境由一系列的内部利益相关者构成,他们利用组织内部过程对组织内的决策者施加影响(Francis et al.,2009;Besharov et al.,2014)。技术环境和制度环境对组织的要求是不一样的。技术环境要求组织遵循效率最大化的原则。然而,组织不仅仅是技术需要的产物,也是制度要求的产物。组织处于制度环境中,是制度化的组织。组织的制度化过程即组织不断地接受或采纳得到外界制度环境或内部组织认可或赞许的行为或做法的过程。也就是说，制度环境要求组织服从"合法性"机制，采用那些在制度环境中被"广为接受"的组织形式或做法，而这些形式或做法并不一定能够使得组织变得更有效率。但是，如果组织的行为与这些"广为接受"的形式或做法相悖，组织就可能出现"合法性"危机，这会对组织的发展带来不利影响。因此，新制度学派强调"合法性"机制的重要性（周雪光，2003）。

合法性表示组织的行为被制度环境中的利益相关者接受和认同。企业的行为是否具有合法性取决于其表现是否符合利益相关者的期许。因此，合法性机制指的是组织为寻求制度环境中的利益相关者的认可或承认，采取合乎情理的结构或行为的一套逻辑（Dacin et al.，2007）。由于制度环境分为内部制度环境和外部制度环境，相应地，合法性也可以分为内部合法性和外部合法性（Staw et al.，2000；Lu et al.，2006）。

在制度环境中能够施予组织合法性的利益相关者被称为合法性主体（legitimating actors）。它们以各种不同的面目出现，迫使或诱使组织采纳或采取具有合法性的组织结构或行为。在外部制度环境中，政府和市场利益相关者是两个重要的合法性主体。有观点认为，政府是所有类型的组织行动者中的一种，它以科层制的方式组织起来进行行政管理，具有支配或管理一定地理范围内的领域的权力。然而，需要指出的是，政府并非仅仅是制度环境中的众多行动者之一，由于具有施予所管辖范围内的组织合法性的能力，因此，政府是一种独特的组织行动者。它的独特性在于它可以把其权威施加到其他组织之上（DiMaggio et al.，1983）。政府在制度建立方面具有界定各种政治、经济行动者以及各种集体行动者的性质、能力和权利的特权。Campbell 等（1990）详细论述了政府通过界定与实施产权，对组织的经济行为的各种方式产生的影响。政府不仅会影响单个公司结构和行为，而且会对组织场域的结构化施加重要影响。Baron 等（1986）研究了美国现代人事系统的演化过程，并对政府塑造同一产业内的公司结构的权力给出了一种历史解释。总之，政府干预和科层制控制产生了认知性和规范性的压力，从而使得专门管理人员一致遵守，并加以强制性的规制控制（斯科特，2010）。

Freeman（2010）认为任何能够影响企业目标达成的群体或个体都可称为利益相关者。Jensen（2001）指出忽视利益相关者关切的企业很难实现效益最大化的目标。正如 Post 等（2002）所说，企业的长远发展有赖于企业与关键利益相关者之间的关系。由于企业需要在市场上竞争,市场利益相关者对企业的发展起着重要的作用。企业需要关注的关键市场利益相关者包括企业的供应商、投资者和客户(Post et al.,2002)。这些市场利益相关者提供给企业关键资源以促进其发展,并期望企业表现出相应的行为,例如,一些能够展示企业能力的战略性行为(Basdeo et al.,2006)。因此,企业的决策者通常会设法满足市场利益相关者的要求,以获得他们的认可和支持。Yamakawa等(2008)对新兴市场跨国企业到发达国家投资的现象进行了研究,并认为这背后受到新兴市场跨国企业获取母国投资者和消费者认可的动机的影响。

而在企业内部,董事会和员工是企业决策者需要关注的两个合法性主体。董事会关系到决策能否被批准(Jensen et al.,1976;Baysinger et al.,1991),而决策的执行则有赖于员工的支持(Post et al.,2002)。因此,企业决策者在制定决策时通常倾向于选择那些能够得到董事会和员工认可的决策。

2.1.3 组织同构的三种动力

如果说 Meyer 等(1977)的《制度化的组织:作为神话和仪式的正式结构》一文开创了组织社会学的新制度学派,那么,DiMaggio 等 1983 年发表在《美国社会学评论》(*American Sociological Review*)上的《重访铁笼:组织领域的制度同构和集体理性》(The iron cage revisited:institutional isomorphism and collective rationality in organizational fields)一文则是对组织社会学的新制度学派的一个重要推进。这两篇文章有许多共同之处:它们关注相同的现象,试图对同构现象作出解释;采用的解释机制都是合法性机制;并且在文中都比较了效率机制和合法性机制。它们的不同之处主要在于:Meyer 等(1977)强调整个制度环境的作用。这个制度环境会对其中的人或组织产生影响,导致了一种自上而下的制度化过程。而 DiMaggio 等(1983)强调的是组织与组织间相互关系的重要性,组织会受到制度环境中其他组织的影响。也就是说,与 Meyer 等(1977)从宏观制度环境的角度论述相比,DiMaggio 等(1983)是从组织间的关系和组织场的层次来进一步论述组织同构的渊源。DiMaggio 等(1983)在文中提出了导致组织同构的三种动力机制,这三种动力机制如图 2.1 所示。

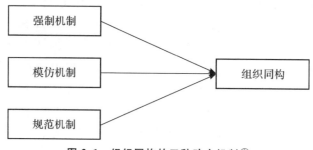

图 2.1　组织同构的三种动力机制①

　　强制机制强调组织受到所依赖的其他组织施加的正式和非正式压力的影响。最常见的是制度环境通过政府法令或法律制度迫使其他组织接受有关管制。组织通过对政府法令的直接响应,在行为和结构上越来越体现国家制度化和合法化的规则,从而在特定领域里变得越来越同质。例如,制造商通过采纳新的环保技术来表现对环境管制的遵守(DiMaggio et al.,1983)。除了政府领域之外,其他领域中也存在着标准的流程化操作、合法化的规则和结构的直接压力。Coser(1984)发现,随着联合大企业规模和业务范围的扩大,公认的绩效标准即便不是母公司强加给子公司的,子公司也会采用相似的绩效标准。

　　模仿机制通常在组织面临环境不确定性时起作用。也就是说,模仿是组织对环境不确定性的一种响应。当组织不能确定制度环境中合法性主体的类型或者合法性主体的具体要求时,组织就会模仿其他组织的做法来塑造自身。通过这种模仿性趋同,组织可以提高其在制度环境中的合法性。Staw 等(2000)发现一项新的管理技术的流行至少部分是企业间相互模仿的结果。这种模仿具有相应的仪式意义:即便没有任何证据证明这种新的管理技术能帮助企业提高效率,然而,企业通过采纳这种新的管理技术向合法性主体释放努力提高管理技能的信号,也能提高企业的合法性。考虑到企业的模仿行为并非是随意发生的,根据被模仿的对象和被模仿的行为的特征,Haunschild 等(1997)对模仿进行了进一步的划分,将组织间模仿进一步分为频率模仿、特征模仿和结果模仿三种。组织的模仿行为受到以前其他组织采纳过这种行为的频率的影响。这种做法被越多组织所采用,说明

　　①　资料来源:DiMaggio P J, Powell W W, 1983. The iron cage revisited: institutional isomorphism and collective rationality in organizational fields. American Sociological Review, 48(2): 147-160.

这种做法越被广泛接受,组织采用这种做法的可能性也越高,这样的模仿被称为频率模仿。特征模仿指的是按照被模仿组织的特征来模仿。组织倾向于模仿与自身类似的组织的行为,或者具有明显特征的组织的行为,特征明显的组织可以是规模较大的组织也可以是绩效较好的组织。第三种是结果模仿,它按效益来决定是否模仿,如果某种行为能够帮助组织取得高收益,那么这种行为就容易被其他组织模仿。

规范机制指的是社会规范对组织或个人的行为或所扮演的角色的约束作用。在现代社会,专业化是导致规范趋同的重要原因。专业化指的是为一种职业中的成员明确其工作条件和方式的过程(Abel,1979)。专业化通过两个方面对专业人员产生影响:一是专业人员通过培训形成某种职业所要求的技能和认知;二是组织和专业人员的行为的社会规范通过专业协会进行传播。

尽管由于上述三种机制的存在,处于相同制度环境下的组织在结构、战略和实践等方面具有趋同的趋势,然而,DiMaggio 等(1983)指出,每一种趋同都没有证据能够证明它们可以提高组织的效率。所谓组织效率的提高,通常指的是组织通过变得与它所在的领域中的其他组织相似,使其更容易和其他组织交易,吸引更好的员工,被赋予合法性和认可等。然而,很难说遵从标准的组织一定比偏离标准的组织运作得更有效率。

2.1.4 新制度学派的实证研究

在 Meyer 等(1977)和 DiMaggio 等(1983)奠定了新制度学派的理论基础之后,这一领域的研究在 20 世纪 80 年代经历了一个经验资料积累的阶段。在这一阶段出现了大量基于新制度学派理论逻辑的实证研究。这些研究的出现不仅深化了新制度学派的理论思路,而且拓宽了新制度学派理论的应用范围(周雪光,2003)。

合法性机制最初主要用来解释非营利性组织的行为。Tolbert 等(1983)解释美国各个市政府采纳公务员制度的历史过程的研究在研究方法上有一个重要的突破。19 世纪末到 20 世纪 30 年代,美国各个城市逐步采纳公务员制度的过程实际上是一种新的组织形式制度化的过程。Tolbert 等(1983)认为从历史演变的过程来看,当越来越多的市政府采纳公务员制度时,这一制度就逐步演变成一种广为接受的组织形式,从而对其他尚未采纳这一制度的市政府形成一种观念上的压力。因此,公务员制度的推广与合法性制度的作用密切相关。于是,Tolbert 等(1983)提出了测度合法性机制的一个指标，即用已经采纳公务员制度的城市比例来测度这一制度被广为接受的程度。她们发现随着采纳程度的提高，其他城市的政府迫于制度的压力也随之采用公务员制度。这篇文章在理论思路上并没有重大的突破，然而，它通过提出测度"合法性机制"的方法对实证研究做出了重要贡献（周雪光，2003）。类似地，鲍威尔等（2008）也采用新制度学派的思路描述了艺术博物馆在美国的扩散过程。这一扩散过程与其场域范围内的组织的出现相伴随，也与关于博物馆形式和功能诸方面的共识的形成有关。也就是说，博物馆这一组织形式的扩散过程是其作为一种新型组织形式被不断接受的过程，同时也是关于对博物馆任务的理解所存在的紧张和冲突被弥合的过程。Ruef 等（1998）利用时间跨度长达 46 年的 143 家医院组织的资料，检验了管理和技术这两种合法性机制的产生和演变的因果关系以及它们对组织生存的作用。与 Tolbert 等（1983）利用公务员制度被采纳的程度来刻画合法性机制不同，Ruef 等（1998）提出了认识合法性机制的新角度以及测度合法性机制的新方法，即采用专业协会组织对意愿的认证标准来区分和测度管理与技术这两种不同的合法性。他们认为不同的认证机构强调不同的标准，有的重视管理行为，有的重视技术内容，因而提供了不同的合法性基础。在此基础上，他们对实证材料进行了分析，结果表明这两种合法性机制对组织生存机会的改善都具有重要的作用，但是，它们的影响会因制度环境的性质而产生差异。

当新制度学派成功地解释了非营利组织的行为并引起学术界的注意后，越来越多的学者将这一理论流派的思路应用于解释营利性组织行为的研究中。Edelman（1990）从新制度学派理论出发，分析了美国各种私营企业组织中"申辩仲裁程序"的兴起过程。她认为这一内部治理机制的出现在很大程度上与企业所处的制度环境特别是法律环境的变化有关，同时指出，20 世纪 60 年代美国颁布的有关民权的法律法规在其中起到了重要作用。当越来越多的企业采用申辩仲裁程序时，这一内部治理机制就逐步被接受，从而形成一种制度力量，迫使其他组织不得不采用它们。类似地，Zorn（2004）解释了"首席财务官"职位在美国各大公司的出现这一组织现象和其历史过程。也有学者采用新制度学派的分析思路来对一些跨国企业的投资行为做出解释。Henisz 等（2001）基于新制度学派的逻辑，将 Haunschild 等（1997）提出的频率模仿和特征模仿应用到跨国企业的区位选择的研究中。Henisz 等（2001）认为跨国企业在区位选择过程中出于合法性寻求的考虑，倾向于选择那些已有其他跨国企业进入的市场，特别是有同行业或同一集团中的企业进入的市场。Henisz 等(2001)对日本跨国企业 2705 个投资项目的数据进行了分析,结果发现跨国企业倾向于向已有众多跨国企业的市场进行投资。在区位选择过程中,同行业企业间存在模仿效应,而这种模仿效应在同一集团的企业间并没有发现。与 Henisz 等(2001)的研究相类似,Haveman(1993)认为模仿效应在跨国企业区位选择过程中是存在的,并且重点探讨了特征模仿这一模仿类型,结果发现跨国企业会跟随所谓的"领先企业"(规模大或者盈利性强的企业)进入相同的海外市场。

随着新制度学派理论的解释范围和应用范围不断扩大,它开始与其他流派结合来对一些现象进行解释。例如,Carroll 等(1989)将新制度学派的理论与组织群体生态学流派的理论相结合来解释报纸组织群体的演化。他们发现组织群体的演变存在非线性趋势。然而,组织群体生态学的竞争和有关组织生态机制不能对该现象做出合理的解释。两位作者尝试结合合法性机制和竞争机制来解释这一非线性趋势,并且,他们的设想在实证研究中得到了验证。

尽管新制度学派理论已被广泛应用于解释各种现象的研究中,然而,这一领域还有许多值得进一步拓展的地方。正如 Meyer 等(1977)所强调的那样,新制度学派主要关注制度环境对组织行为或战略的影响,然而,在现实中,我们发现即便处于同一制度环境中的组织表现出的行为也各不相同,因此,在探讨合法性机制的作用时,有必要将企业的特征纳入研究中。

2.2 中国企业对外直接投资研究现状

2010 年《经济学人》指出,中国企业的国际化是过去 10 年中影响最为深远的商业现象之一。中国对外直接投资流量的排名在 2014 年已上升至全球第三,而投资存量达到 8826.4 亿美元,首次步入全球前十行列。① 随着中国步入世界经济舞台的中央,中国企业对外直接投资成了国际商务研究领域的一大研究热点,为检验和拓展现有理论创造了新的机会。

从 Buckley 等(2007)在《国际商务研究学报》发表《中国对外直接投资的影响因素》一文以来,国际商务研究领域已经涌现出很多关于中国企业对外直接投资的研究。这些研究主要探讨对外直接投资驱动力、进入模式选择

① 数据来源:中国商务部发布的《2014 年度中国对外直接投资统计公报》。

和区位选择三大主题。对外直接投资驱动力指驱动企业进行对外直接投资的因素,主要回答企业为什么要进行对外直接投资这一问题;进入模式指的是企业进入海外市场的方式,有合资模式或全资模式、新建模式或并购模式等;区位选择指的是企业的投资流向或投资地点的选择。上述三大主题依次对应回答企业对外直接投资的"why"、"how"和"where"三方面问题。本章 2.2 节将围绕对外直接投资驱动力、进入模式选择和区位选择三大主题,综述影响中国企业对外直接投资决策的因素,并将指出这些研究在帮助我们认识中国企业对外直接投资的动机和行为的同时,也存在着局限性。第一,它们主要关注中国企业对外直接投资单次投资决策的影响因素,缺少对中国企业对外直接投资序贯选择的影响因素的关注。第二,这些研究的理论逻辑主要建立在效率机制上,很少系统性地考察合法性机制在中国企业对外直接投资序贯选择中的影响。

2.2.1 对外直接投资驱动力

2.2.1.1 企业层面影响因素

已经有大量实证研究从微观层面即企业层面上探讨中国企业对外直接投资的驱动因素。这些研究的关注点主要集中在中国企业的投资动机、资源和能力以及所有权性质的影响方面。

(1)投资动机

为了理解中国企业对外直接投资现象,首先需要了解驱动中国企业对外直接投资的因素是什么。由于任何企业行为都是衡量自身战略动机的结果,因此,许多研究都强调了投资动机对中国企业对外直接投资的驱动作用(Buckley et al. , 2007;刘阳春,2008;吴晓波等,2010)。被学术界普遍认可的企业进行对外投资的动机可以分为四类:市场寻求型、资源寻求型、战略资产寻求型和效率寻求型(Dunning,1977)。Buckley 等(2007)强调了投资动机与中国企业的对外直接投资行为有关的事实,并且认为 Dunning(1977)的动机分类框架具有一般意义,也适用于分析中国企业的对外投资行为。同时,他们指出中国企业的投资动机只可能存在市场寻求型、资源寻求型和战略资产寻求型三种,不存在效率寻求型动机,理由是中国市场的劳动力价格相对较低,中国企业没有必要出于效率寻求的目的去海外寻找低成本运营的市场。在此理论分析基础上,他们利用 1984—2001 年中国企业对外直接投资的数据对中国企业的投资动机进行了检验。结果发现市场寻求型动机对中国企业对外直接投资行为具有明显的驱动作用,但并没有发现资源寻求型和战略资产寻求型动机对中国企业对外直接投资的影响。这一结果的出现可能与该研究选择的样本有关。在 2001 年加入 WTO 之前,中国尚未实施"走出去"战略,因此,中国企业根据自身的实际情况来决定是否进行对外直接投资。在投资初始阶段,由于受到能力和资金的限制,中国企业实施战略资产寻求型和资源寻求型对外直接投资的可能性相对较小。然而,随着中国经济的持续增长,中国企业对外直接投资进入了一个新阶段,战略资产寻求型和资源寻求型动机的影响逐渐体现。刘阳春(2008)利用 87 份有效问卷对中国企业的对外直接投资的动因进行了分析。研究发现,中国企业的对外直接投资除了受到市场寻求型动机的影响外,也受到寻求创造性资产动因和寻求自然资源动因的正向影响。

(2)资源和能力

投资动机是投资行为发生的触发点,然而,现实中具有投资动机的企业并不一定最终会参加投资活动。资源观认为企业内部的资源和能力的积累程度会直接决定企业经营活动的成败(Barney, 1991)。因此,研究中国企业的对外直接投资驱动力需要从企业的资源和能力方面进行考察(周长辉等,2005;Wang et al. , 2012a;Wang et al. , 2012b)。尽管 Dunning (1980)的折中理论强调所有权优势对跨国企业对外直接投资的重要性,认为所有权优势是跨国企业在东道国维持竞争优势的重要保障,然而,Wang 等(2012a)利用 626 家中国企业的投资数据分析了市场资源、技术资源和企业能力对中国企业对外直接投资的影响,结果并没有发现市场资源、技术资源和企业能力对中国企业对外直接投资的促进作用。Wang 等(2012b)、陈岩等(2012)和林治洪等(2012)的研究也得出了类似的结论:企业的研发资源和营销资源对中国企业对外直接投资的驱动作用并不明显。这一结果说明了在这一阶段中国企业缺乏所有权优势,利用所有权优势进行投资的动机并不明显。尽管不具备发达国家跨国企业的先进技术、品牌和管理能力,但是,中国企业具有独特的"所有权优势"。Buckley 等(2007)在文中特别强调了网络能力或关系能力对中国企业对外直接投资的促进作用。Yiu 等(2007)认为与母国建立的网络联系是新兴市场跨国企业在对外直接投资过程中的一种重要优势。网络联系可以弥补新兴市场自身存在的缺陷给企业带来的负面影响。他们提出网络联系可以分为商业网络联系和制度网络联系,并且对 74 家中国投资企业的问卷数据进行了分析,结果显示,商业网络联系和制度网络联系对中国企业的对外直接投资具有促进作用。

　　除了上述技术资源、市场资源以及网络资源外，人力资源对中国企业对外直接投资的影响也受到了研究者的关注。Peng（2012）指出国际化人才的缺乏是中国企业在国际化过程中面临的巨大挑战。事实上，人力资源对中国企业的对外直接投资具有正向促进作用（Wang et al.，2012b）。一方面，中国企业的高管团队具有从事对外直接投资的动机。Liu 等（2014）以1071 家中国上市制造业企业为样本进行的研究表明，高管薪酬高和高管持股对中国企业的对外直接投资有促进作用。管理层和股东之间的冲突问题一直是代理理论关注的焦点（Jensen et al.，1976）。提高高管薪酬水平和颁布高管持股计划可以调和管理层和股东之间的利益分歧，使双方的目标取向更为一致，使管理层更有可能制定有利于企业长远发展的战略，从而参与到可能为企业带来长远收益的对外直接投资活动中去。另一方面，Gao 等（2013）认为不能忽视海外留学生以及具有海外工作经验的人士对中国企业国际化的影响。这些具有海外背景的人士在一定程度上解决了中国企业面临的国际化人才缺乏的问题。他们可以为中国企业带来先进的技术、海外市场的信息，并发挥连接中国企业与国际市场的桥梁作用，从而促进中国企业进行对外直接投资。这一假设在 Gao 等（2013）的实证研究中得到了支持。

　　（3）所有权性质

　　在企业层的研究中，企业的所有权性质对中国企业对外直接投资的影响也是研究者关注的一个重点。现有研究在国有企业和民营企业对外直接投资倾向性方面给予了特别的关注。Wang 等（2012b）和 Hu 等（2014）都探讨了所有权性质对中国企业对外直接投资的影响。在理论上，他们都认为国有企业比民营企业具有更强的对外直接投资倾向性。一方面，国有企业比民营企业更容易得到政府的支持，如金融方面的支持、海外市场信息的提供、国际规则的培训等等；另一方面，民营企业由于缺乏来自政府的支持，更容易受到市场动荡的影响，对待对外直接投资的态度更加谨慎。Wang 等（2012b）利用 679 家中国企业对外直接投资的数据进行了实证研究，结果他们的研究假设得到了支持。然而，Hu 等（2014）利用 224 家中国上市企业的数据进行了实证分析，结果显示国有企业并没有表现出更强的对外直接投资倾向性。出现这一结果的原因可能是这一研究忽视了国有企业在对外直接投资过程中自身存在的劣势。尽管国有企业在获得政府的资源和政策支持方面具有优先性，然而，国有企业的政府背景使得其在对外直接投资过程中更容易遭遇东道国政策方面的限制（Cui et al.，2012），从而在一定程度上降低国有企业对外直接投资的积极性。尽管现有研究在探讨所有权性质对企业对外直接投资的影响方面还存在分歧,然而,也有研究发现当限定对外直接投资类型或投资条件时,国有企业和民营企业的投资倾向性是有差异的。Cui 等(2014)基于 154 家中国企业的数据进行了实证研究,结果表明相比于国有企业,民营企业更倾向于从事战略资产型对外直接投资。Liang 等(2012)采用问卷形式对 553 家中国私营企业的对外直接投资倾向性进行了研究,他们发现当民营企业比它们的竞争对手国有企业具有更强的组织能力时,民营企业就会表现出更强的对外直接投资倾向性。

2.2.1.2 行业层面影响因素

中国经济经历了剧烈的结构化转型。在转型过程中,不同的行业在政府控制、外资开放程度等方面呈现出巨大的差异(Wang et al.,2009)。在行业层面上,行业结构的不确定性、行业的竞争程度以及与外资企业的关系在一定程度上都会成为驱动中国企业对外直接投资的因素。

(1)行业结构的不确定性

行业结构的不确定性是经济结构转型带来的结果,也是市场存在缺陷的典型表现(Luo et al.,2011)。行业结构的不确定性反映了行业变化的难以预测性(Dess et al.,1984)。行业结构的不确定性越高,企业所处环境的动荡性也越高(Luo et al.,1997)。相应地,企业在这样的环境中运营的风险和成本也越高。因此,行业结构的不确定性会在一定程度上影响企业的战略决策。Luo 等(2011)基于跳板理论考察了国际化情境下行业结构的不确定性对中国民营企业对外直接投资倾向性的影响,发现无论国有企业还是民营企业都会受到行业结构的不确定性带来的负面影响,但是,民营企业受到的负面影响更大。为了规避这些本土市场上存在的问题和挑战,民营企业会将目光投向海外市场。他们利用 1335 家中国民营企业的投资数据进行了实证分析,结果表明,处于高不确定性的行业结构中的中国民营企业的确表现出投资海外的倾向。

(2)行业的竞争程度

中国的经济体制是一种混合型体制,计划和市场两种力量同时在起作用。然而,随着市场化和产权私有化的推进,市场力量的支配作用体现得越来越明显。因此,企业间的竞争变得越来越激烈(Wang et al.,2012b)。有许多实证研究都非常强调母国行业的竞争程度对于中国企业对外直接投资倾向性存在的重要影响(Yiu et al.,2007)。这是因为随着竞争程度的提高,企业能够获取的国内市场空间被压缩,到海外寻求更大的市场空间则成为中国企业可以选择的一条路径。Luo 等(2012)和 Wang 等(2012b)的研究都发现了行业竞争对中国企业对外直接投资的驱动作用。而 Luo 等(2011)发现这种驱动作用在行业集中度低的产业中体现得更加明显。一方面,行业集中度越低,行业的竞争程度越高,企业越倾向于通过对外直接投资规避国内过度竞争的环境;另一方面,这些行业中的中国企业已经积累了以更低的成本进行大规模制造的能力,而对外直接投资为进一步释放这种优势提供了机会。

（3）与外资企业的关系

中国经济在转型过程中还呈现出一个特点,即大量外资企业进入中国市场。这些外资企业对中国企业的影响主要表现在两个方面:第一,外资企业进入中国市场,加剧了国内市场的竞争程度,挤占了中国企业的市场空间;第二,外资企业也为中国企业提供了学习机会,中国企业可以利用这种溢出机制来提升自身的能力。外资企业带来的这两个方面影响对中国企业的对外直接投资都能产生积极的推动作用。Xia 等(2014)基于资源依赖理论将外资企业与中国企业的关系分为三种——共生依赖关系、竞争依赖关系和伙伴依赖关系,并且探讨了这三种关系对中国企业国际化倾向性的影响。他们认为由于外资企业比中国企业具有更大的竞争优势,它们对中国企业具有更强的支配力。因此,中国企业为了降低对外资企业的依赖,具有更强的动机去从事对外直接投资活动。Luo 等(2012)则从学习角度探讨了外资企业对中国企业对外直接投资的驱动作用。他们认为外资企业的存在使得中国企业可以积累对外直接投资需要的资源和能力,可以帮助中国企业降低在对外直接投资时面临的外来者劣势,从而提高中国企业对外直接投资的积极性。

2.2.1.3 国家层面影响因素

发达国家的市场经济制度已经较为完善,这些国家的跨国企业的投资主要受到市场力量的驱动(Peng, 2012),因此,它们受到母国制度因素的影响较小。然而,像中国这样的新兴经济体尚处于转型过程中,尽管建立了市场经济制度,但市场在资源配置过程中的基础性作用还有待加强。此外,在一定程度上还保留了计划经济的手段,政府对经济运行的影响还较大(Wang et al. , 2012b)。因此,现有研究主要强调制度发展水平和母国政府对中国企业对外直接投资的驱动作用。

（1）制度发展水平

对新兴市场国家而言,总体上制度发展水平还相对比较低,对企业的发展存在一定程度的限制作用。制度限制主要表现在两个方面：一方面，这些国家通常存在制度缺失的问题，例如，缺乏对知识产权的有效保护、商业性法律执行不力等；另一方面，在非正式制度层面上，这些国家还存在腐败以及逃税漏税等现象(Peng,2003)。企业如果在这种环境中经营，它们很难有效保护自身的知识产权，难以建立起不容易被竞争对手模仿的所有权优势(Child et al.,2005;Kalotay et al.,2010)。除此之外，企业还需要承担更高的交易费用。因此，对这些国家的企业来说，投资海外是一个极具吸引力的选择。正如 Luo 等(2007)所说，规避母国的制度限制是新兴市场国家的企业投资海外的动机之一。Luo 等(2012)利用问卷方式对 153 家投资海外的中国企业进行了实证分析，发现这些企业面临的制度困境是它们投资海外的重要原因。

上述研究主要是从国家层面来探讨制度因素对新兴市场企业对外直接投资的影响，然而，这类研究忽视了像中国这样的大型经济体内部各个地区在制度环境方面存在巨大差异的事实。也有学者注意到了这一研究空白，开始探讨区域制度环境对当地企业对外直接投资的影响(Liu et al.,2014;Sun et al.,2015)。尽管新兴市场国家存在种种制度限制，但是，其内部一些地区如中国的沿海省份的制度已经相对比较完善。为此，Liu 等(2014)和Sun 等(2015)探讨了区域制度的发展水平与当地企业对外直接投资倾向性之间的关系。他们共同关注一个问题，即区域层面的制度发展水平较高是否会对中国企业的对外直接投资产生正向的驱动作用。Liu 等(2014)采用樊纲等(2011)编撰的《中国市场化指数》报告中的产品市场发育水平、要素市场发育水平和市场中介组织发育度来衡量区域制度的发展水平。他们发现上述三个指标均与当地企业的对外直接投资水平呈正相关关系。也就是说，一个区域的制度发展水平越高，该区域的企业对外直接投资的积极性也越高。Sun 等(2015)则主要关注区域层面的法律环境和金融制度对该区域企业对外直接投资的影响。他们发现一个地区的法律环境开放程度和金融市场开放程度较高会对该地区企业的对外直接投资产生正向的促进作用。

(2)母国政府

中国的制度转型为中国企业获取资源、培育企业能力提供了特殊的途径。中国政府对中国企业的成长路径和发展战略具有重要的影响。Luo 等(2010)详细地介绍了参与制定或执行对外直接投资政策的政府机构，并系统地阐述了对外直接投资政策的演变过程。中国政府通过鼓励性政策，为中国企业的对外直接投资提供支持，如优先获得金融资源、补贴等，在一定程度上能够帮助中国企业弥对外直接投资经验不足的劣势（Lu et al.，2014）。Wang 等（2012b）通过实证研究方法分析了中国政府的支持性政策对中国企业对外直接投资倾向性的影响，发现政府的支持性政策对中国企业对外直接投资有着直接的驱动作用。此外，需要指出的是，政府的支持性政策具有偏向性特征。中国政府给予特定类型的投资以优先支持，特别鼓励中国企业从事符合国家发展战略需要、能够提升企业能力的对外直接投资。Lu 等（2011）对 198 家民营企业的对外直接投资情况进行了实证分析，发现中国政府在推动战略资产型对外直接投资和市场寻求型对外直接投资方面具有正向促进作用。阎大颖等（2009）的研究也发现中国政府的政策支持对推动中国企业从事资源和技术类对外直接投资具有重要的意义。尽管中央及地方政府的支持是推动中国企业从事对外直接投资的重要制度性优势，是中国企业从事对外直接投资并从中获益的重要保障，然而，不同层级的政府由于目标不同对待对外直接投资的态度也有所不同。Wang 等（2012a）认为中央政府关注的是如何将中国经济融入全球经济的问题，而地方政府关注的则是地区经济的发展和税收收入的问题，因此，相比于地方政府，中央政府具有更强的动机去推动企业进行对外直接投资。这一假设在他们的实证研究中得到了验证。

　　2.2.1 小节对驱动中国企业对外直接投资的影响因素进行了文献综述。表 2.1 对企业层面、行业层面和国家层面的影响因素、影响关系和代表性实证研究进行了可视化的概括。

表 2.1　驱动中国企业对外直接投资的影响因素

分析层面	影响因素	影响关系	代表性实证研究
企业层面	市场寻求型动机	+	Buckley 等（2007），刘阳春（2008）
	资源/战略资产寻求型动机	≠；+	Buckley 等（2007）；刘阳春（2008）
	技术/研发资源	≠	Wang 等（2012a），Wang 等（2012b），陈岩等（2012），林治洪等（2012）
	市场/营销资源	≠	Wang 等（2012a），Wang 等（2012b）
	企业能力	≠	Wang 等（2012b）
	商业/制度网络联系	+	Yiu 等（2007）
	人力资源	+	Wang 等（2012b）

续 表

分析层面	影响因素	影响关系	代表性实证研究
企业层面	高管薪酬高/持股	＋	Liu 等(2014)
	具有海外背景的人士	＋	Gao 等(2013)
	国有企业	＋;≠;－	Wang 等(2012b);Hu 等(2014);Cui 等(2014),Liang 等(2012)
行业层面	行业结构的不确定性	＋	Luo 等(2011)
	行业的竞争程度	＋	Luo 等(2012),Wang 等(2012b)
	行业集中度	－	Luo 等(2011)
	共生/竞争/伙伴依赖关系	＋	Xia 等(2014)
	外资企业的存在	＋	Luo 等(2012)
国家层面	制度困境	＋	Luo 等(2012)
	区域制度发展水平	＋	Liu 等(2014)
	法律环境/金融市场开放程度	＋	Sun 等(2015)
	政府的支持性政策	＋	Wang 等(2012b),Lu 等(2011),阎大颖等(2009)
	政府层级	＋	Wang 等(2012b)

注:"＋"表示正向影响;"－"表示负向影响;"≠"表示没有影响。

2.2.2 进入模式选择

在现有研究中,进入模式可以划分为两类。根据所有权占比来划分,可以分为全资模式和合资模式;而根据建立模式来划分,则可以分为并购模式和新建模式。以何种方式进入国际市场,是每一家参与对外直接投资的企业都会面临的问题。现有文献中已识别的影响中国企业进入模式选择的因素包括企业层面因素,如投资动机、企业规模、国际化经验、所有权性质等;行业层面因素,如东道国行业的竞争程度、东道国行业的增长率水平等;国家层面因素,如母国和东道国的制度环境、母国和东道国之间的文化距离等。

2.2.2.1 企业层面影响因素

企业的对外直接投资动机是制定进入模式决策的基础和前提。中国企业根据自身的战略动机对进入模式进行选择。Cui 等（2009a）基于 138 家中国企业的有效问卷数据，对中国企业的进入模式选择进行了实证研究，结果发现具有战略资产寻求型动机和全球战略动机的中国企业选择全资型进入模式的可能性更高。这是因为与发达国家跨国企业相比，中国企业在所有权优势上处于弱势地位，当中国企业为了在短时间内获得战略资产时，若采取全资的方式，即采用收购或在东道国本地全资新建研发机构等途径，一方面可以快速获得所缺乏的战略资产，另一方面可以不受限制地将获得的战略资产与企业自身的资源进行整合。反之，如果采用合资的方式，企业在获取战略资产或者将战略资产与自身资源进行整合时，会受到合作伙伴的限制。具有全球战略动机的中国企业倾向于选择全资模式，是因为这一选择与它们试图将企业打造成一个全球网络的目标和把海外分支机构作为区域总部的设想有关（Kim et al.，1992；Rui et al.，2008）。

尽管投资动机对进入模式的选择具有重要影响，然而，从企业行为理论来看，企业投资动机的形成离不开决策者的作用（Herrmann et al.，2006）。因此，有必要探讨企业决策者的特征与进入模式选择之间的关系。考虑到决策者的战略取向和风险偏好会影响企业进入模式的选择，Xie（2014）探讨了 CEO 任期对中国企业进入模式选择的影响，结果发现任期越长的 CEO 越倾向于选择高控制水平的全资型进入模式。这是因为随着 CEO 任期时间的增加，CEO 制定战略决策所需要的知识和经验也会相应增加，同时，决策的自主程度也会提高，这使得决策者更易于接受高风险的决策。

从整体上看，中国企业普遍存在所有权优势缺乏、国际化经验不足等问题（Lu et al.，2014）。然而，不同的中国企业在国际化经验和所有权优势方面也存在明显差异，因此，有研究探讨了国际化经验和所有权优势方面的因素对中国企业进入模式选择的影响。张玉明等（2015）发现中国企业国际化经验越丰富，越倾向于跨国并购。这一研究发现与学习理论的预测相符。岳中志等（2011）基于交易成本理论分析了企业所有权优势对中国企业进入模式选择的影响，认为中国企业的专有知识、产品特性越多，技术特性越高，中国企业越倾向于选择全资型进入模式。然而，实证结果与理论预测相反。对此，岳中志等（2011）认为这一结果可能与样本的分布有关。该研究的样本主要分布在欧美等发达国家，在这些国家投资的中国企业还有很大的提升空间，尤其表现在技术水平和管理经验方面。因此，中国企业在进入这些发达国家或地区时，为了进一步提升自己的技术水平和竞争力，仍然会选择合资模式。

在众多投资主体中,国有企业和大企业一直是中国对外直接投资的主力军(Morck et al.,2008)。因此,这些企业的进入模式选择受到了国际商务研究领域学者的普遍关注。从资源观角度来看,无论是大企业还是国有企业,由于在资源拥有量方面占据优势,它们更有能力承受在进入模式选择过程中遇到的风险。岳中志等(2011)的实证研究发现规模越大的中国企业越倾向于选择全资型进入模式。而Xie(2010)对1995—2008年间150家中国企业的473次对外直接投资的进入模式进行了研究,发现与非国有企业相比,国有企业更有可能选择并购模式而不是新建模式。然而,从制度观或者外来者劣势视角来看,国有企业由于面临着来自东道国制度层面或社会层面的压力,更有可能采取相对保守的进入模式(Cui et al.,2012)。因此,为了获取合法性,国有企业更有可能通过减少股权比例来缓解制度压力(Chan et al.,2007)。Xie(2010)的实证研究发现,大型国有企业更有可能选择合资型进入模式,原因在于它们的国有企业身份更容易遭到来自东道国的质疑。Cui等(2009a)也发现了类似的结果,中国国有企业更加倾向于以合资的方式进入东道国。

2.2.2.2 行业层面影响因素

除了企业层面的影响因素外,行业层面的因素也会对中国企业的进入模式选择产生影响。Cui等(2009a)研究了东道国行业的竞争程度和增长水平与中国企业进入模式选择之间的关系。市场进入模式是为企业的战略目标服务的,同时也是一种回应外部环境的威胁和机会的手段。东道国行业的竞争程度刻画了企业在进入东道国时面临的外部环境威胁。为了有效应对竞争,中国企业需要选择与自身竞争优势相匹配的市场进入模式。中国企业的竞争优势在于制造环节的成本低和质量控制好(Rui et al.,2008),因此,为了有利于内部流程的控制,中国企业倾向于选择高控制水平的进入模式。而东道国行业的增长水平则反映了中国企业在东道国面临的潜在机会。建立自身的先行者优势对于企业把握潜在的投资机会尤其重要(Frynas et al.,2006)。投资企业如果通过合资进入东道国市场,可以凭借合作伙伴的关系在东道国迅速开展业务。相反,如果以全资模式进入东道国市场,有可能因为花费时间较长而错失最佳投资时机。在实证研究部分,他们基于138家中国企业的问卷数据发现东道国行业的竞争程度与中国企业选择全资模式正相关,而东道国行业的增长水平与中国企业选择全资模式负相关。

2.2.2.3 国家层面影响因素

中国企业的进入模式选择并不仅仅由企业层面、行业层面的因素决定,它还受到国家层面因素的影响。东道国的制度环境对中国企业的进入模式选选择具有重要的影响。岳中志等(2011)对东道国国家风险与中国企业进入选择模式之间的关系进行了研究。他们认为中国企业进入东道国时会面临各种风险如收购合并政策审查、国有化等。东道国国家的风险越大,中国企业越倾向于选择较低股权的进入模式,这样可以将损失的可能性降低。Pan等(2014)和岳中志等(2011)一样,也从交易成本理论视角进行研究,他们分析了东道国的制度质量对中国企业进入模式选择的影响。他们发现,当东道国的制度质量越高,企业面对的不确定性和风险较低时,这些企业越倾向于做出高资源承诺的投资决策,采用全资模式进入东道国的可能性也越大。Cui等(2012)则探讨了东道国的制度压力与中国企业进入模式选择之间的关系。他们认为影响中国企业进入模式选择的东道国制度压力主要有两种:东道国规制压力和东道国规范压力。尽管许多国家已经废止了对外国企业投资的限制,但是,当投资企业进入东道国时,还是会受到一些正式制度层面上的政策限制(Meyer et al.,2009),这些限制会导致投资企业在与当地企业竞争时处于劣势地位。因此,为了获得与当地企业同等的市场地位,投资企业倾向于同当地企业建立合资关系。除了正式制度层面的影响外,投资企业进入东道国时也会受到当地文化、社会规范等非正式制度层面因素的影响。如果与当地企业建立合资关系,那么,一方面可以同当地企业分担风险;另一方面,当地的合作伙伴可以帮助投资企业了解东道国的文化和做事方式,从而缩短学习时间。在实证研究部分,Meyer等(2009)对132家中国企业的问卷数据进行了分析,发现中国企业受到来自东道国的规制压力和规范压力越高,那么,以合资方式进入东道国的可能性也越高。上述研究从本质上来说有一个共同点,就是探讨了东道国制度层面的挑战对进入模式选择的影响,这种影响的实质是通过选取合适的进入模式来规避在东道国遇到的风险和不确定性。

除了受到东道国制度环境的影响外,中国企业的进入模式选择还受到东道国市场上存在的市场机会的影响。东道国的市场规模越大,投资企业在该地区获利的机会也越多。在这种情况下,企业会考虑增加资源承诺以获取更大的控制权,以便灵活地做出企业决策,从而能够快速地把握市场上的投资机会。上述分析在岳中志等(2011)的实证研究中得到了验证,他们发现东道国的市场规模越大,中国企业越倾向于采用全资模式。

中国企业的进入模式选择不仅受到东道国因素的影响,也受到母国因素的影响。Cui 等(2012)认为母国的规制压力会影响中国企业进入模式的选择。中国企业受到的母国规制压力主要来自政府,为了得到政府的认可,在选择进入模式时倾向于选择更易于被政府接受的合资型进入模式。上述的理论分析也在 Cui 等(2012)的实证研究部分得到了支持。东道国和母国之间的文化距离也是影响中国企业进入模式选择的一个重要因素。在建立模式选择上,张玉明等(2015)认为东道国和母国之间文化距离越大,投资企业越愿意采用并购模式而不是新建模式。这是因为文化距离越大,企业面临的文化冲突风险也越大。为了降低这种风险,有必要与当地企业进行合作。如果采用并购模式,投资企业仍然可以利用被并购企业在当地的关系,从而帮助投资企业更快地适应东道国环境。而在股权比例选择上,岳中志等(2011)与张玉明等(2015)的分析着眼点相同,都是从规避风险的角度考虑的。所以,岳中志等(2011)认为,中国企业如果以合资方式进入东道国,可以降低由文化距离带来的负面影响。

2.2.2 小节对影响中国企业进入模式选择的因素进行了文献综述,并将企业层面、行业层面和国家层面的影响因素、进入模式和代表性实证研究进行了可视化的概括,见表 2.2.

表 2.2 影响中国企业进入模式的因素

分析层面	影响因素	进入模式	代表性实证研究
企业层面	战略资产寻求型动机	+1	Cui 等(2009a)
	全球战略动机	+1	Cui 等(2009a)
	CEO 任期长	+1	Xie (2014)
	国际化经验丰富	+2	张玉明等(2015)
	专有知识、产品特性多和技术特性高	-1	岳中志等(2011)
	企业规模大	+1	岳中志等(2011)
	国有企业	+2,-1;-1	Xie (2010);Cui 等(2009a)
行业层面	东道国行业的竞争程度大	+1	Cui 等(2009a)
	东道国行业的增长水平高	-1	Cui 等(2009a)

续　表

分析层面	影响因素	进入模式	代表性实证研究
国家层面	东道国国家风险大	-1	岳中志等（2011）
	东道国的制度质量高	$+1$	Pan 等（2014）
	东道国规制压力大	-1	Cui 等（2012）
	东道国规范压力大	-1	Cui 等（2012）
	东道国的市场规模大	$+1$	岳中志等（2011）
	母国的规制压力大	-1	Cui 等（2012）
	文化距离大	$+2;-1$	张玉明等（2015）；岳中志等（2011）

注："$+1$"表示全资，"-1"表示合资；"$+2$"表示并购，"-2"表示新建。

2.2.3　区位选择

区位选择是企业对外直接投资的一个重要战略决策，在一定程度上决定了企业投资的成败（Dunning，1998）。中国企业是否到某一个东道国投资通常是由多种因素决定的。本书将从企业、行业和国家三个层面对这些影响因素进行综述。在下文的综述部分，我们可以发现，影响中国企业区位选择的因素主要是国家层面的因素，企业层面和行业层面的影响因素相对较少。

2.2.3.1　企业层面影响因素

随着中国企业对外直接投资经验的增加，国际商务学者开始关注投资经验对中国企业国际化决策的影响。其中，前期的投资经验对中国企业区位选择的影响是现有研究关注的一大焦点。刘慧等（2015）探讨了相同市场的投资经验和相似市场的投资经验在中国企业区位选择过程中的作用。她们通过对464家中国企业的区位选择进行研究发现，中国企业在区位选择时存在"路径依赖"的特征。第一，中国企业在某东道国市场的投资经验，会提高其再次投资该市场的可能性。企业在海外市场投资时市场的不确定性会增加企业的适应成本和调整成本，同时使企业面临更大的投资风险。但是，投资经验的积累可以降低新市场不确定性带来的负面影响。因为企业可以利用以往投资该市场过程中获取的信息,以及在该国建立的业务联系,从而降低再次投资该市场时的相关成本。第二,中国企业倾向于向以往投资过的相似市场进行投资。考虑到相似市场在需求方面存在的相似性,企业的投资经验不仅可以有效降低其再次投资相同东道国市场的成本和风险,也会降低其投资相似市场的成本和风险。

2.2.3.2 行业层面影响因素

除了企业自身投资经验的影响外,刘慧等(2015)也发现在行业层面上同行业企业的投资经验会推动中国企业向相似东道国市场进行投资。她们认为同行业企业的投资经验主要通过两个机制作用于中国企业的区位选择。第一,信息溢出效应。中国企业可以通过同行业企业的投资获取东道国市场的相关信息,降低企业在该东道国投资的投资成本和风险。第二,集聚效应产生的外部效应。同行业企业可以共享技术、资源,进而降低企业的生产成本,提高生产力和需求。鉴于上述两个机制的作用,投资企业倾向于跟随同行业企业进行投资。Guillén (2002)和 Henisz 等(2001)的研究也发现了类似的结论。Guillén (2002)利用韩国企业在中国的投资数据证实,同行业企业在中国的投资促进了其他企业的模仿和跟随进入。Henisz 等(2001)则对 1990—1996 年日本企业的 2705 次投资的区位选择进行了研究,也发现了同行业企业间的跟随效应。这说明跟随同行投资的行为具有一定的普遍意义。

2.2.3.3 国家层面影响因素

影响中国企业区位选择的国家层面的研究文献涉及经济、政治和文化等多个方面。

在经济因素方面,Duanmu (2012)探讨了东道国市场规模、东道国的失业率、人民币对东道国货币的汇率、东道国的经济风险和经济自由度等因素对中国企业区位选择的影响。在实证检验部分,该研究基于分布在 32 个国家的 194 次投资活动的数据,发现人民币对东道国的汇率和东道国的市场规模对中国企业到该东道国投资具有促进作用;而东道国的失业率则会降低中国企业到该国投资的可能性;东道国的经济风险和经济自由度对中国企业的区位选择没有影响。然而,东道国的市场规模和经济自由度的影响在 Kang 等(2012)的研究中出现了不一样的实证结果。Kang 等(2012)发现东道国的市场规模并不会对中国企业对外直接投资的区位选择产生影响,而经济自由度越高的东道国对中国企业的吸引力越大。这种经验观察上的差异性表明这两个经济层面的因素对中国企业区位选择的影响可能有赖于企业的类型。因此，今后的研究可以关注企业特征对这两个因素的调节作用。也有学者关注到了东道国和母国间的双边关系对中国企业区位选择的影响。如，宗芳宇等（2012）研究了双边投资协定与中国企业的区位选择间的关系。该研究基于 2003—2009 年中国上市企业对外直接投资的数据，发现双边投资协定能够促进中国企业到签约国投资。这是因为双边投资协定可以对投资起到保护作用，可以避免投资被不法征收或侵犯。Kang 等（2012）研究发现东道国和母国之间的双边贸易对中国企业到该东道国投资具有促进作用。投资企业可以凭借东道国和母国之间的贸易关系获得合法性，进而更容易被东道国的利益相关者接受。

在文化方面，影响中国企业区位选择的因素主要是母国和东道国之间的文化距离。绝大部分研究认为母国和东道国之间的文化距离越大，投资企业在东道国投资时组织协调和适应的成本越高，面临的投资风险也越高，因此，投资企业往往避免到与母国文化距离较大的东道国投资。东道国和母国之间的文化距离或文化差异对中国企业对外直接投资的这种负向作用在 Blomkvist 等（2013）、Kang 等（2012）和綦建红等（2012）的研究中得到了验证。然而，Quer 等（2012）发现了不一样的结果。由 Kogut-Singh 指数计算得到的文化距离的结果并不显著，而以华人集聚程度刻画的文化距离的结果呈现弱显著，这说明文化距离的负向作用在 Quer 等（2012）的研究中并不明显。之所以没有得到主流理论认为的结果，原因可能与 Quer 等（2012）选取的样本有关。该研究以大型中国企业为研究对象，这些企业拥有的资源比较充足，承受风险的能力相对较强，因此，在区位选择时较少考虑到文化距离有可能带来的负面影响，考虑更多的是投资目的。Blomkvist 等（2013）还研究了其他一些文化层面的因素对中国企业区位选择的影响，研究发现中国企业倾向于到与母国心理距离、宗教差异较小的国家投资，却也愿意到与母国语言距离较大的国家投资。

在政治方面，政治风险是中国企业区位选择时考虑的一个重要因素。然而，现有研究对政治风险影响的研究结果尚存在一些分歧。例如，Blomkvist 等（2013）、Kang 等（2012）、Duanmu（2012）的研究显示，中国企业避免到政治风险高的东道国进行投资。然而，Buckley 等（2007）的实证研究发现中国企业倾向于向政治风险高的国家投资。Quer 等（2012）并没有发现政治风险对中国企业区位选择的影响。这种经验观察上的差异主要是由以下原因导致的：尽管东道国政治风险越高，企业在该东道国面临的投资风险越大，但是,对于中国企业而言,政治风险高的国家通常具有更多的投资机会,需要面对来自发达国家跨国企业的竞争压力也相对较小。正如蒋冠宏等(2012)的研究发现的那样,中国企业偏好向制度恶劣但资源丰富的国家进行投资。因此,中国企业是否向政治风险高的国家投资是权衡利弊的结果。

2.2.3 小节对影响中国企业区位选择的因素进行了文献综述,并将企业层面、行业层面和国家层面的影响因素、影响关系和代表性实证研究进行了可视化的概括,见表 2.3。

表 2.3 影响中国企业区位选择的因素

分析层面	影响因素	影响关系	代表性实证研究
企业层面	相同市场的投资经验	+	刘慧等(2015)
	相似市场的投资经验	+	刘慧等(2015)
行业层面	同行业企业的投资经验	+	刘慧等(2015)
国家层面	人民币对东道国的汇率	+	Duanmu(2012)
	东道国的市场规模	+;≠	Duanmu(2012);Kang 等(2012)
	东道国的失业率	—	Duanmu(2012)
	东道国的经济风险	≠	Duanmu(2012)
	东道国的经济自由度	≠;+	Duanmu(2012);Kang 等(2012)
	双边投资协定	+	宗芳宇等(2012)
	双边贸易	+	Kang 等(2012)
	文化距离	—;≠	Blomkvist 等(2013),Kang 等(2012),綦建红等(2012);Quer 等(2012)
	心理距离	—	Blomkvist 等(2013)
	宗教差异	—	Blomkvist 等(2013)
	语言距离	+	Blomkvist 等(2013)
	政治风险	—;+;≠	Blomkvist 等(2013),Kang 等(2012),Duanmu(2012);Buckley 等(2007);Quer(2012)

注:"+"表示促进到该东道国投资;"—"表示阻碍到该东道国投资;"≠"表示没有影响。

3 子研究一:外部同构压力与中国企业对外直接投资的驱动力

3.1 引言

随着中国企业对外直接投资的快速增长,中国企业"走出去"的现象引起了国内外学者的广泛关注。已有不少研究探讨了中国企业对外直接投资的驱动力(Lu et al.,2011;吴晓波等,2011;Deng,2013)。这些研究主要基于效率因素的考虑,比如:降低交易的成本或者扩大资源获取的机会(Buckley et al.,2007;Luo et al.,2007)。然而,企业若要实现效率寻求的目标,通常需要先得到合法性主体(如政府、市场利益相关者等)的认可。如果不能得到这些合法性主体的认可,投资企业通常会遭遇严重的后果,甚至会失去投资的机会。目前,从合法性视角出发探讨企业对外直接投资驱动力的研究主要关注来自东道国的合法性,而对来自母国的合法性的关注相对较少(Chan et al.,2006;Chan et al.,2007)。

而对中国企业来说,来自母国的合法性对它们的国际化尤其重要。目前关于新兴市场的研究也开始关注来自母国政府和市场利益相关者的合法性的影响。这种影响在中国企业对外直接投资过程中体现得尤为明显。中国企业的对外直接投资受到中央政府和地方政府的鼓励和支持(Cui et al.,2009a;Luo et al.,2010)。特别是 2001 年中国加入了世界贸易组织(WTO),并随后正式实施"走出去"战略,为中国企业的对外直接投资营造了一个良好的制度环境（Buckley et al.，2007；Sun et al.，2015）。除此之外，对外直接投资是中国企业表明能力的一种方式，从而会对中国企业的市场声誉产生影响（Grimm et al.，2006）。因此，本书将中国企业的对外直接投资行为视为获取来自母国政府和市场利益相关者合法性的一种同构战略。DiMaggio 等（1983）认为组织实施同构战略的可能性通常与它们受到的同构压力有关。Fligstein 等（2012）指出，企业的竞争对手和合作伙伴共同组成了一个社区环境，这一环境会对企业的行为产生影响，就如邻居对我们的影响一样。那么，如果企业家意识到周围的企业正在进行对外直接投资，自己是否会受到影响而进行对外直接投资？也就是说，当企业受到来自区域伙伴或行业伙伴的同构压力时，是否会采用同构战略？本书试图从制度同构的视角来探讨区域同构压力和行业同构压力对中国企业对外直接投资的影响。

本书之所以关注区域同构压力和行业同构压力，主要有以下两方面的原因。第一，来自与自己关系较近的伙伴的同构压力比来自与自己关系较远的伙伴的同构压力更强，这一逻辑也适用于同行业或同区域中的企业。第二，在区域和行业多样性方面，像中国这样的大型新兴经济体通常比发达经济体或小型新兴经济体更加明显。因此，以中国这样的大型经济体作为研究背景，有必要考虑区域多样性和行业多样性的影响。

然而，企业受到区域同构压力和行业同构压力的影响并不都是一样的。正如 DiMaggio（1988）指出的，企业自身的特征会改变制度因素的影响。现有研究发现企业的所有权性质和企业规模会对中国企业的国际化产生重要影响，拥有不同所有权性质或者不同规模的企业对来自政府或市场利益相关者合法性的需求是存在差异的（Lepoutre et al.，2006；Huang et al.，2014；Lee et al.，2014）。所以，本书也将探讨所有权性质和企业规模分别是如何调节区域同构压力和行业同构压力的影响的。

针对上述分析，本书从外部同构角度出发，首先考察区域同构压力和行业同构压力对中国企业对外直接投资倾向性的影响；接着探讨区域同构压力和行业同构压力的影响是否分别受到所有权性质和企业规模的调节。图3.1 展示了子研究一的研究模型。根据上述研究思路，本书基于沪深两市107 家上市公司在 2008—2012 年做出的对外直接投资决策的数据（跨越 5 年的 107 家企业的平衡面板数据），对研究假设进行了实证检验，并得出了研究结论。

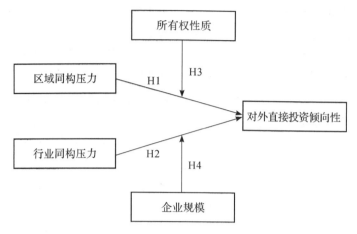

图 3.1 子研究一的研究模型

3.2 文献回顾

North (1990)将制度定义为"游戏规则",它包括正式制度和非正式制度两类。正式制度指的是规制层面的因素,如法律法规等,这些因素通常具有强制性的特征;而非正式制度指的是规范或社会认知层面的因素。与正式制度相比,非正式制度的强制性特征相对较弱。由这些正式制度和非正式制度构成的制度环境决定了组织被认可或被允许的结构或行为(DiMaggio et al.,1983;Suchman,1995)。一旦被制度环境认可或允许,组织的结构或行为就具有了合法性。而组织之所以追求合法性,是因为当它们的行为符合内外部环境中利益相关者的要求或期望时,它们不仅能够得到社会的认可,更有可能获得来自这些合法性主体给予的资源支持(Suchman,1995)。相反,如果它们的行为与这些合法性主体的期待不一致,这些组织就可能遭受严重的不利后果(Cui et al.,2012)。因此,当组织受到制度压力时,通常会采用同构战略,表现出与周围其他组织的一致性,从而获得合法性(DiMaggio et al.,1983)。例如,在一个不确定的环境中,组织倾向于采用与其他组织相似的商业模式、组织架构或者被广泛接受的战略(Henisz et al.,2001)。

上述合法性逻辑也被应用到国际商务研究领域以分析企业在国际化过程中的环境与企业战略的互动关系。当企业投资某一个东道国时,通常需要面对不同的合法性主体,例如:东道国政府、当地的社会活动家团体等(Chan et al.,2006)。除了这些来自东道国的合法性主体外,现在有研究开始将注意力放到来自母国的合法性主体上面。正如 Li 等(2010)指出的那样,母国的制度环境对企业的对外直接投资具有重要的影响,这种影响在新兴市场跨国企业海外扩张过程中体现得尤为明显。其中,母国政府是一个重要的合法性主体。例如,中国的中央政府和地方政府对中国企业的对外直接投资起到重要的引导作用(Child et al.,2005)。它们通过实施一系列的支持性政策,包括提供低息贷款和税收减免等,来鼓励中国企业进行对外直接投资(Luo et al.,2010)。另一个重要的母国合法性主体是母国市场的利益相关者,诸如消费者、投资者和供应商。这些市场利益相关者决定了企业的行为是否被市场接受(Post et al.,2002)。Yiu 等(2007)的研究发现,企业与母国市场的利益相关者通过商业网络建立的联系对企业的对外直接投资具有重要的促进作用。

尽管母国政府和母国的市场利益相关者对企业的对外直接投资具有重要作用,但是,投资企业对合法性的需求程度主要取决于其受到的同构压力的大小。Cui 等(2012)指出,来自母国正式制度层面的同构压力对企业进入模式选择具有重要影响,他们发现母国的规制压力对中国企业在对外直接投资过程中选择合资模式具有正向促进作用。然而,来自母国非正式制度层面的同构压力如何影响中国企业的国际化决策,这一点在现有研究中较少看到。因此,本书试图探讨来自区域同伴和行业同伴的同构压力对中国企业对外直接投资决策的影响,从而填补上述研究空白。另外,企业对同构压力的响应受到外部环境因素的调节。例如,Li 等(2015)的研究发现,东道国和中国之间的文化差异会影响企业是否采用同构战略。然而,这些研究很少关注到企业自身特征的影响,特别是企业的合法性寻求动机对企业是否采用同构战略的影响。如果我们忽视企业自身特征的作用,我们就很难解释在受到相同制度压力的情况下,为什么不同的企业具有不同的反应(Oliver,1991;Kostova et al.,2008)。因此,本书用所有权性质和企业规模来代理测度企业的合法性寻求动机强度,从而探讨具有不同所有权性质或不同规模的企业在面对区域同构压力或行业同构压力时的不同反应。

3.3 假设提出

3.3.1 区域同构压力对中国企业对外直接投资倾向性的影响

随着 20 世纪 70 年代末改革开放政策的实施，中国迈出了融入全球经济的步伐（Buckley et al.，2007）。2001 年，中国加入世界贸易组织，进一步加大了开放力度，并加快了国际化步伐（Wang et al.，2012a；Sun et al.，2015）。随后，中国政府正式实施了"走出去"战略，这对中国企业的对外直接投资起到了促进作用。尽管这一国家战略是由中央政府制定的，但是，为了进一步促进中国企业的对外直接投资，对外直接投资项目的审批权已逐步下放到地方政府（Luo et al.，2010）。除此之外，中央政府甚至将区域每年的对外直接投资流量作为考核地方政府官员绩效的一个重要指标。因此，地方政府也鼓励和支持当地企业进行对外直接投资活动。

随着中央政府权力的下放，省级地方政府拥有了更多管理所辖区域经济活动的权力（Park et al.，2006）。这些政府为区域内参与对外直接投资的企业提供一系列的激励政策，比如：财政支持、税收减免以及低息贷款等（Child et al.，2005；Sun et al.，2015）。更重要的是，由于企业的对外直接投资行为与地方政府的期望相符，投资企业可以获得来自这些地方政府的合法性（Chan et al.，2006；Chan et al.，2007）。在中国，省级地方政府的合法性对区域企业的发展具有重要的影响。首先，获得政府合法性的企业可以优先获得许多投资机会（Duysters et al.，2009）。随着中国经济的快速发展，国内市场涌现出了许多投资机会，其中不少投资机会由省级地方政府控制。而地方政府倾向于将这些投资机会给予那些获得它们认可的企业。其次，这些获得地方政府认可的企业还可以获得一些稀缺资源，例如土地资源、银行贷款等等（Park et al.，2006）。除此之外，这些企业高层管理人员还有机会成为人大代表或政协委员。企业可以通过这种政治联结来进一步获取政府的支持以及相关信息（Lu et al.，2014；Pan et al.，2014）。

然而，这种来自省级地方政府的合法性具有稀缺性，也就是说，并非所有区域内的企业都能得到政府的认可。因此，企业需要为获得政府的合法性展开竞争（Abrahamson et al.，1993；Basdeo et al.，2006）。在这种情况下，企业会受到来自同区域内其他企业的同构压力的影响。当越来越多同区域内的企业投资海外市场时，没有进行对外直接投资的企业就会感受到压力。对这些企业来说，如果也从事对外直接投资活动，那么，它们也有获得一系列好处的可能。相反，如果不进行对外直接投资，则有可能被政府视为缺乏能力（Abrahamson et al.，1993）。因此，选择进行对外直接投资对它们来说是缓解压力的一种有效方式（Li et al.，2010）。

由此可见，当同区域内越来越多的企业进行对外直接投资时，那么，对没有进行海外投资的企业来说，它们会出于获取政府的认可和缓解来自区域同伴的压力的目的而开展对外直接投资。于是，本研究提出以下假设：

H1：来自区域伙伴的同构压力与企业自身的对外直接投资倾向性正相关。

3.3.2 行业同构压力对中国企业对外直接投资倾向性的影响

中国的市场化改革推动了市场力量的崛起（Park et al.，2006）。对企业来说，市场利益相关者成为政府以外的另一类重要的合法性主体。他们鼓励企业采用那些得到他们认可的做法或战略，并给予这些企业相应的支持（Agle et al.，1999）。在中国，对外直接投资行为是受到国内市场利益相关者鼓励和支持的一种企业行为。企业可以凭借对外直接投资向市场利益相关者，包括消费者、供应商和投资者释放高质量和高可信度的信号。第一，对外直接投资活动可以帮助消费者推断企业创造价值的能力。这是因为对外直接投资为投资企业提供了获取先进的管理方式和技术知识的机会，从而有助于投资企业积累起生产高品质产品和提供高品质服务所需的知识和能力（Child et al.，2005；Liu et al.，2016）。因此，那些从事对外直接投资的企业在中国消费者当中通常能形成良好的口碑，中国消费者也更愿意购买这些企业的产品和服务（Yamakawa et al.，2008）。第二，对外直接投资活动可以帮助投资者识别好企业。投资者倾向于认为投资机会通常来自那些好企业（Helm，2007），而从事对外直接投资的企业在中国通常被归类到好企业的行列，这些企业通常比那些没有进行对外直接投资的企业更有竞争力。这是因为企业通过投资海外市场，可以接触到相关的市场规则和运作方式，从而提升自身在市场经济条件下的竞争能力（Lu et al.，2011；Liu et al.，2014）。而且，随着国内市场经济制度的不断完善，这种能力有助于投资企业在与其他本土企业对国内市场的竞争过程中取得优势。因此，投资者更倾向于投资那些进行对外直接投资的企业。第三，供应商也致力于与从事对外直接投资的中国企业保持更长远的合作关系。这是因为中国企业在对外直接投资过程中，通常与国内的供应商继续保持合作关系（Yiu et al.，2007）。这些企业投资海外时，它们的国内供应商通常也能够获得拓展海外市场的机会。因此，这些供应商也更愿意与投资海外的企业保持紧密的联系。

然而，由于并非所有企业都能得到来自市场利益相关者的合法性，同行业企业需要为得到市场利益相关者的关注展开竞争。那些得到市场利益相关者认可的企业就有可能获得更大的市场份额，而没有得到市场利益相关者认可的企业则很难获得长远的发展。这种为了获得合法性而展开的竞争通常导致在同行业企业中形成一种行业同构压力。对没有从事对外直接投资的中国企业来说，当越来越多的同行业企业进行对外直接投资时，它们会被市场利益相关者认为在企业能力方面不如从事对外直接投资的企业。在这种情况下，这些没有从事对外直接投资的中国企业很有可能服从来自同行业企业的同构压力而开展对外直接投资。于是，本研究提出以下假设：

H2：来自行业伙伴的同构压力与企业自身的对外直接投资倾向性正相关。

3.3.3　企业合法性寻求动机的调节作用

H1 和 H2 的逻辑是，国内的同构压力通过合法性竞争机制作用于同区域和同行业的企业，从而提高这些企业从事对外直接投资的可能性。在此基础上，本书认为国内同构压力的作用强度会因为企业自身合法性寻求动机的差异而发生变化。这是因为企业如果越是在意合法性主体的认可，则越有可能对同构压力的影响做出反应。在本书的研究情境下，我们提出所有权性质对区域同构压力和中国企业对外直接投资倾向性之间的关系具有调节作用，而企业规模对行业同构压力和中国企业对外直接投资倾向性之间的关系具有调节作用。

3.3.3.1　所有权性质对区域同构压力的调节作用

企业通过国家所有权构建了与政府之间的政治联结关系（Cui et al.，2012；Lee et al.，2014）。由于这种政治联结关系的存在，国有企业通常能够获得由政府提供的战略性资源或者优惠政策（Xia et al.，2014）。而且，国有企业的高层管理者通常由区域政府相关部门任命。因此，正如 Oliver（1991）指出的那样，企业越依赖于政府机构，则越倾向于服从相关的制度要求。也就是说，国有企业具有更强的动机去追求或维持来自政府方面的认可。

在这种情况下，当受到来自区域同伴的同构压力时，国有企业更有可能采用同构战略。在本书的研究情境中，当越来越多的同区域企业因为受到政府的鼓励而纷纷从事对外直接投资时，国有企业更有可能通过从事对外直接投资来回应来自区域伙伴的同构压力。因为如果它们不从事对外直接投资，就会被政府认为能力上不如那些从事对外直接投资的企业。更严重的情况是，这些企业的高管有可能被降职甚至解雇。

反之，相比于国有企业，民营企业则较少关注来自政府的认可。在中国情境下，虽然政府的认可对这些企业也很重要，但是，由于相对独立于政府，它们可以更加关注自身内部的需要和利益（Oliver，1991）。在是否从事对外直接投资这一问题上，它们更加看重商业利益，而相对较少关注政府方面的要求。因此，在受到一定的区域同构压力下，民营企业通过采用对外直接投资来回应这种压力的可能性相对较小。于是，本研究提出以下假设：

H3：对于国有企业来说，来自区域伙伴的同构压力与企业自身的对外直接投资倾向性之间的正相关关系更强。

3.3.3.2 企业规模对行业同构压力的调节作用

企业规模被认为是影响合法性要求的一个重要因素（Brammer et al.，2004）。Suchman（1995）认为大企业通常具有更高的品牌知名度，受到更多公众的关注。而它们为了维持这种状态，往往会对市场利益相关者的反应给予更多的关注。因此，大企业往往会采用符合市场利益相关者期待的行为来赢得他们的持续关注和支持。同时，大企业更有可能被寄予期望去从事对外直接投资。这主要有以下两方面原因：第一，大企业拥有国际拓展所需要的资源和信用，例如，中国的金融机构更愿意贷款给中国的大企业；第二，大企业的对外直接投资项目也更容易得到政府的审批。由于这种来自市场利益相关者的期待，来自行业伙伴的同构压力对大企业的影响会更大。当越来越多同行业企业从事对外直接投资时，没有从事对外直接投资的大企业就会面临失去市场利益相关者认可的可能性，进而失去这些相关者的支持（Abrahamson et al.，1993）。除此之外，市场利益相关者甚至会将大企业没有从事对外直接投资视为企业遇到危机的表现。消费者会减少购买这些企业的产品和服务，投资者会减少对这些企业的投资，供应商也会重新考虑与这些企业间的关系，进而可能降低相应的资源承诺水平。为了避免这些不利影响，大企业通常会特别重视与同行业企业竞争来自市场利益相关者的认可。在这种情况下，当受到同行业伙伴的同构压力时，大企业倾向于通过采用同构战略来回应来自行业伙伴的压力。

与大企业相比，小企业对来自市场利益相关者的合法性的关注相对较少。尽管市场利益相关者的认可对小企业的发展也有重要作用，但是，由于小企业在资源拥有量和公众关注度方面存在天然的劣势，它们并不需要像大企业那样通过展示自身的能力来赢取市场利益相关者的认可（Dean et al.，1998）。因此，在受到一定的行业同构压力的情况下，小企业通过采用对外直接投资来回应这种压力的可能性相对较小。于是，本研究提出以下假设：

H4：对于大企业来说，来自行业伙伴的同构压力与企业自身的对外直接投资倾向性之间的正相关关系更强。

3.4　研究方法

中国企业的对外直接投资活动为检验本书的假设提供了合适的实证背景。第一，无论是中央政府还是地方政府都鼓励中国企业进行对外直接投资行为，并提供了相应的政府支持，比如金融支持和税收减免等。自从实施"走出去"战略以来，中国政府还制定了《对外投资国别产业导向目录》，该目录覆盖了中国政府鼓励企业投资的国别和行业（Luo et al.，2010；Lu et al.，2014）。因此，在政府的支持和鼓励下，不同行业不同区域的企业纷纷参与对外直接投资活动（Wu et al.，2014），这为本书检验来自区域和行业伙伴的同构压力对中国企业的对外直接投资倾向性的影响提供了可能。第二，中国的 31 个省份（含自治区和直辖市）之间存在着巨大的地区差异，在对外直接投资方面，有的已经取得了巨大的成功，而有的则还处于起步阶段（Liu et al.，2014）。表 3.1 展示了 2008—2012 年各省份对外直接投资流量的分布情况。从表中我们可以看出，广东、上海、江苏、浙江、山东和辽宁等沿海省份是中国对外直接投资的主要来源地，而贵州、宁夏、青海和西藏等内陆省份的对外直接投资量相对较小。这种区域性的差异有助于本书检验外部合法性寻求机制对中国企业对外直接投资的影响。第三，尽管国有大型企业是参与对外直接投资的主力军，但是，近些年来，由于放宽了对外直接投资审批流程上的限制，参与到对外直接投资活动中的不同所有权性质以及不同规模的企业的数量也大幅度增加（Morck et al.，2008；Cui et al.，2012）。这种变化可以让我们探讨所有权性质及企业规模对企业的外部合法性寻求动机的影响，以及它们如何影响企业对外部同构压力的响应。

表 3.1   2008—2012 年不同省份对外直接投资流量分布情况

省份	投资流量/万美元				
	2008 年	2009 年	2010 年	2011 年	2012 年
广东	121394	77388	119577	190269	322155
上海	32543	98752	155811	151316	176198
北京	20582	30581	69383	74534	118642
江苏	27025	69778	120105	200129	292273
浙江	50558	78207	262139	211397	240190
山东	48627	90934	158750	207704	305774
四川	12799	26093	34351	53343	73711
湖北	3450	10947	13832	69009	50030
安徽	5315	5720	80967	50875	54516
辽宁	32558	88076	177429	114950	283915
湖南	46502	101628	31135	80483	140163
福建	27939	31080	47681	34342	53066
天津	15277	18798	30925	57247	62802
河北	4709	15152	42712	35437	47001
黑龙江	14285	12936	17314	15803	35403
河南	23636	17832	15618	30171	24497
重庆	11215	5194	39882	41857	55516
吉林	7416	33841	18041	19716	27688
新疆	16363	19237	37346	37528	25920
江西	1446	4038	21280	28090	36590
山西	2754	32576	3863	14973	26362
陕西	14499	13230	28920	44154	54887
广西	8537	6463	17249	12237	23620
海南	113	7454	22477	120144	30619
云南	23915	27001	47406	57080	70981
内蒙古	460	18525	3973	10403	46035

续　表

省份	投资流量/万美元				
	2008 年	2009 年	2010 年	2011 年	2012 年
甘肃	38651	1637	10132	63497	133923
贵州	15	522	510	1950	586
宁夏	1571	1254	3080	1249	4834
青海	202	208	110	173	852
西藏	0	0	29	216	0

数据来源:中国商务部、中国国家统计局。

3.4.1　样本选择

子研究一以沪深两市的参与对外直接投资活动的上市公司为研究样本。选择上市公司作为研究样本主要基于以下原因:第一,中国的上市公司是参与对外直接投资活动的主力军(Morck et al.，2008);第二,关于中国企业对外直接投资的国内外研究主要以中国上市公司为研究对象(Chen et al.，2010；Liu et al.，2014；Sun et al.，2015);第三,上市公司的信息包括对外直接投资的相关信息可以从公开渠道(如上市公司年报、公告和国泰安数据库等)获得。

在选择样本的过程中,本书结合《2013 年 2 季度上市公司行业分类结果表》和《境外投资企业(机构)名录》两份资料,确定了一份 2008—2012 年有参与对外直接投资项目的企业初始名单,并进一步确认这些企业在《境外投资企业(机构)名录》上登记的投资项目的相关信息。

本书选择 2008 年作为筛选样本的起始年,主要基于以下原因:现有研究表明一项新的活动在被广泛接受的过程中通常受到两种机制的作用,一种是效率机制,另一种是合法性机制。在这项新活动出现早期,开展这项活动的企业或组织主要基于效率的考虑。随着越来越多的企业或组织开展这项活动,外部合法性机制开始发挥作用,其他企业或组织会出于寻求外部合法性的目的而采取类似的行动(Tolbert et al.，1983)。在中国的对外直接投资历史上,2001 年(Sun et al.，2015)和 2008 年(Buckley et al.，2007)是两个关键的时间点。2001 年中国加入世界贸易组织,中国政府开始实施"走出去"战略。2008 年全球金融危机爆发,发达国家的企业纷纷出售一些优质资产以获取现金流的支撑,在这种情况下,拥有大量外汇储备的中国政府再次号召中国企业进行对外直接投资。2008 年后中国每年的对外直接投资流量迅速增加。因此，在本书中我们将 2001—2008 年视为中国企业对外直接投资的早期阶段，在此阶段企业参与对外直接投资主要基于效率的考虑。这一阶段之后，随着越来越多的企业投资海外，除了效率机制以外，外部合法性寻求机制也开始发挥作用。本研究的数据搜集到 2012 年为止，主要基于以下原因：商务部对外投资和经济合作司核准和发布的《境外投资企业（机构）名录》从 2013 年开始调整，2014 年开始采用新的投资项目信息库，不再披露境内投资主体的名称、境内投资主体的所属地等信息，为了确保统计口径的一致性，本研究只选取了该数据库截至 2012 年的数据。综上分析，本研究最终将样本的时间覆盖范围定为 2008—2012 年。

3.4.2 样本描述

本研究将在以下部分对参与分析的 107 家企业的行业分布和区域分布情况做简要描述。

表 3.2 给出了 107 家企业的区域分布情况。这些企业分布在全国的 22 个省份。其中入选企业数位居前五位的为：浙江、江苏、广东、山东、湖南。这与各省份投资流量的排名基本相符（见表 3.1）。这说明本书的样本具有较好的区域代表性。

表 3.2　样本企业区域分布情况

省份	企业数/家	占比/%
安徽	4	3.7
北京	4	3.7
福建	6	5.6
广东	11	10.3
广西	3	2.8
河北	1	0.9
河南	1	0.9
黑龙江	1	0.9
湖北	5	4.7
湖南	7	6.5
吉林	1	0.9

续　表

省份	企业数/家	占比/%
江苏	13	12.1
江西	2	1.9
辽宁	6	5.6
宁夏	1	0.9
山东	9	8.4
上海	5	4.7
四川	3	2.8
天津	1	0.9
新疆	3	2.8
云南	1	0.9
浙江	19	17.8

表 3.3 给出了 107 家企业的行业分布情况。这些企业的所属行业覆盖了 30 个行业。其中属于制造业企业有 89 家，占 83.2%；非制造业企业有 18 家，占 16.8%。从数据来看，样本企业以制造业企业为主。虽然从 2014 年的投资额来看，租赁和商务服务业所占比重比制造业高（见表 1.2），但根据商务部的《境外投资企业（机构）名录》，制造业企业的数量最多。这也与我国是制造业大国的实际情况相符。而且，中国制造业面临转型升级的挑战，需要通过并购等方式将发达国家的一些先进技术用于制造业技术的升级。因此，制造业企业的对外直接投资积极性相对更高，在参与对外直接投资的企业中，制造业企业在数量上占据的比重最大。这说明本研究的样本具有较好的行业代表性。

表 3.3　样本企业的行业分布情况

行业代码	行业名称	企业数/家	占比/%
A01	农业	1	0.93
A04	渔业	1	0.93
B06	煤炭开采和洗选业	1	0.93
C13	农副食品加工业	3	2.80
C14	食品制造业	1	0.93
C17	纺织业	1	0.93

行业代码	行业名称	企业数/家	占比/%
C18	纺织服装、服饰业	1	0.93
C19	皮革、毛皮、羽毛及其制品和制鞋业	1	0.93
C21	家具制造业	1	0.93
C22	造纸及纸制品业	1	0.93
C25	石油加工、炼焦及核燃料加工业	1	0.93
C26	化学原料及化学制品制造业	11	10.28
C27	医药制造业	4	3.74
C28	化学纤维制造业	1	0.93
C29	橡胶和塑料制品业	2	1.87
C30	非金属矿物制品业	2	1.87
C32	有色金属冶炼和压延加工业	1	0.93
C34	通用设备制造业	6	5.61
C35	专用设备制造业	18	16.82
C36	汽车制造业	5	4.67
C37	铁路、船舶、航空航天和其他运输设备制造业	1	0.93
C38	电气机械及器材制造业	14	13.08
C99	计算机、通信和其他电子设备制造业	14	13.08
D44	电力、热力生产和供应业	1	0.93
E48	土木工程建筑业	1	0.93
F51	批发业	3	2.80
F52	零售业	1	0.93
G55	水上运输业	2	1.87
I65	软件和信息技术服务业	4	3.74
K70	房地产业	3	2.80

3.4.3 变量测度和数据来源

3.4.3.1 因变量

本研究的因变量是一个企业层变量,在参考 Xia 等(2014)、Deng 等(2015)研究的基础上,本书用中国企业在当年度的投资次数来刻画其对外直接投资倾向性。采用这种测度方式主要有两方面的好处:一方面它可以将同构压力对中国企业对外直接投资倾向性的影响随时间的变化而变化的趋势刻画出来;另一方面,它可以在一定程度上克服采用海外销售额刻画对外直接投资活动的缺陷(Xia et al.,2014)。因变量的数据来自上市公司年报和《境外投资企业(机构)名录》。

3.4.3.2　自变量

与以往研究类似,本研究采用投资企业在当年度投资之前同区域和同行业伙伴的投资项目数来代理测度投资企业受到的区域同构压力和行业同构压力(Henisz et al.,2001;Li et al.,2015)。同区域或同行业伙伴的投资项目数越多表示投资企业受到的区域同构压力或行业同构压力越大。根据本研究的理论逻辑推导,企业受到的区域同构压力或行业同构压力越大,其从事对外直接投资的可能性越大。本研究考察同区域和同行业伙伴的同构压力的影响,主要原因在于同区域或同行业企业间存在相互竞争的关系,并且面临相似的挑战,它们倾向于将各自视为参考或模仿的对象(Henisz et al.,2001;Li et al.,2010)。因此,在企业制定战略的过程中,同区域或同行业伙伴的影响是不能被忽视的因素。本研究中的区域指省级层面的区域。本研究采用国民经济行业二位分类代码来界定同行业企业。为了在一定程度上克服内生性问题,本研究的自变量数据比因变量数据延后一年。区域和行业同构压力的原始数据来自《境外投资企业(机构)名录》。

3.4.3.3　调节变量

本研究的调节变量为所有权性质和企业规模。所有权性质用来衡量企业寻求来自区域政府合法性的动机强度。本研究采用企业的所有权结构中政府及其机构的所有权占比来刻画所有权性质。这种刻画方式在 Cui 等(2012)、Wang 等(2012a)、Pan 等(2014)的研究中也被采用过。根据 Xia 等(2014)的做法,本研究采用了一个三阶段法来测度这一变量。首先,列出企业的前十大股东的所有权;其次,识别前十大股东中的相关国家机构;最后,将这些国家机构所占有的股权比例进行累加,从而得到该企业的国家所有权的比例。数据均来自国泰安数据库(CSMAR)。

企业规模被用来衡量企业寻求来自市场利益相关者合法性的动机强度。本研究采用企业员工数的自然对数来作为企业规模的代理测量(Wang et al.,2012a;杨洋等,2015)。取自然对数是因为不同企业的员工人数差异较大,取自然对数可以缓解该变量可能存在的偏态性(Chen et al.,2012;

Wooldridge，2015）。企业的所有权性质及各股东的所有权占比的数据和企业员工的数据比因变量的数据延后一年。这两个调节变量的数据均来自国泰安数据库。

3.4.3.4 控制变量

为控制其他因素对企业对外直接投资倾向性的影响，本研究还设置了如下控制变量。与投资企业自身特性相关的变量主要有国际化经验、资产收益率、外资股本占比、负债率和无形资产。第一，由于企业的国际化经验有助于降低外来者劣势带来的负面影响，从而对企业的对外直接投资具有促进作用（Salomon et al.，2012），因此，本研究对这一变量的影响进行了控制，并用投资企业参与对外直接投资的次数来表示。国际化经验的数据来自上市公司年报和《境外投资企业（机构）名录》。第二，由于高盈利企业通常具有更多的资源来进行对外直接投资（Lu et al.，2014），本研究控制了资产收益率这一变量对企业对外直接投资倾向性的影响。资产收益率由企业的利润除以资产总额计算得到。第三，外资股本占比指投资企业中外国投资者所拥有的股权比例。由于外国投资者可以为企业提供与国际市场相关的重要信息（Lu et al.，2014），有助于企业把握国际市场上出现的投资机会，从而推动企业进行对外直接投资，因此，本研究需要剔除这一因素对企业对外直接投资倾向性的影响。第四，企业的负债率也会对其对外直接投资产生影响。如果企业负债率过高，那么它会受到更大的财务限制，因此，有可能减少对外直接投资活动。与 Xia 等（2014）的研究类似，本研究对这一变量的影响也进行了控制。企业的负债率由企业的负债除以资产总额计算得到。第五，由于无形资产有助于投资企业在东道国市场上获得竞争优势（Pan et al.，2014），这使得拥有更多无形资产的企业投资海外市场的可能性更大，因此，在本研究中有必要控制这一因素的影响。与对企业规模的数据处理相类似，本研究对无形资产这一变量进行了对数化处理（Liu et al.，2014）。资产收益率、外资股本占比、负债率和无形资产的数据均来自国泰安数据库。

本研究还控制了与区域经济发展条件相关的两个变量：产品市场发展水平和要素市场发展水平。Liu 等（2014）和 Wu 等（2014）的研究发现产品市场发展水平和要素市场发展水平会对企业的对外直接投资决策产生影响，因此，本研究控制了这两个变量的影响，并用产品市场发展指数和要素市场发展指数来测度这两个变量。产品市场发展指数和要素市场发展指数的数据来自《中国市场化指数:各地区市场化相对进程 2011 年报告》。

Brouthers 等(2003)的研究发现,企业所属的行业特征会对企业的国际化决策产生影响。而 Buckley 等(2007)的研究发现,中国企业的对外直接投资受到时间因素的影响。因此,本书将时间和行业效应引入模型,以控制企业投资时间和企业所属行业对回归结果的影响。本研究的变量、测量方式和数据来源如表 3.4 所示。

表 3.4   子研究一的变量、测量方式和数据来源

变量类型	变量名称	测量方式	数据来源
因变量	对外直接投资倾向性	当年度的投资次数	上市公司年报和《境外投资企业(机构)名录》
自变量	区域同构压力	投资企业在当年度投资之前同区域伙伴的投资项目数	《境外投资企业(机构)名录》
	行业同构压力	投资企业在当年度投资之前同行业伙伴的投资项目数	
调节变量	所有权性质	企业的所有权结构中政府及其机构的所有权占比	国泰安数据库
	企业规模	企业员工数的自然对数	
控制变量	国际化经验	投资企业参与对外直接投资的次数	上市公司年报和《境外投资企业(机构)名录》
	资产收益率	企业的利润除以资产总额	国泰安数据库
	外资股本占比	投资企业中外国投资者所拥有的股权比例	
	负债率	企业的负债除以资产总额	
	无形资产	无形资产总额的自然对数	
	产品市场发展水平	产品市场发展指数	《中国市场化指数:各地区市场化相对进程 2011 年报告》
	要素市场发展水平	要素市场发展指数	
	时间	2008 年之前(包括 2008)的年份取值为 0;2008 年之后的年份取值为 1	《境外投资企业(机构)名录》及上市公司年报
	行业	制造业取值为 1;非制造业取值为 0	国泰安数据库

3.5　研究结果

3.5.1　描述性统计

子研究一涉及的主要研究变量的描述性统计参数见表 3.5。从变量之间的相关系数来看,外资股本占比、产品市场发展水平、要素市场发展水平、所有权性质、区域同构压力与企业对外直接投资的倾向性负向相关,而国际化经验、资产收益率、负债率、无形资产、企业规模、行业同构压力与企业对外直接投资的倾向性正相关。

为检验变量间的多重共线性对回归结果的影响,我们计算了各个解释变量的 VIF 值,见表 3.6。所有解释变量的 VIF 均值为 1.45,低于 3,并且单一变量的 VIF 值都低于临界值 10。因此,解释变量间并不存在严重的多重共线性问题。

表 3.5 子研究一的均值、标准差和相关系数

变量	均值	标准差	1	2	3	4	5	6	7	8	9	10	11	12
1 对外直接投资倾向性	0.68	1.33	1.0000											
2 国际化经验	1.94	2.97	0.1267	1.0000										
3 资产收益率	0.07	0.06	0.0368	-0.0423	1.0000									
4 外资股本占比	0.01	0.06	-0.0259	-0.0785	-0.0109	1.0000								
5 负债率	0.49	0.18	0.0472	0.2236	-0.4341	-0.0255	1.0000							
6 无形资产	18.63	1.75	0.1292	0.3130	-0.0355	-0.0058	0.2224	1.0000						
7 产品市场发展水平	9.13	1.06	-0.0958	-0.1300	0.0380	0.1026	-0.0673	-0.0774	1.0000					
8 要素市场发展水平	6.64	1.97	-0.0655	-0.1089	0.0476	0.1068	-0.0693	-0.1204	0.4876	1.0000				
9 所有权性质	0.09	0.17	-0.0305	-0.1090	-0.0106	-0.0349	0.0536	0.1138	0.0200	-0.1641	1.0000			
10 企业规模	8.17	1.29	0.1805	0.4158	0.0435	-0.0804	0.2510	0.6438	0.0085	-0.1289	0.1280	1.0000		
11 区域同构压力	64.01	66.03	-0.0047	0.1127	-0.0115	0.0385	-0.1145	0.0162	0.2163	0.4050	-0.2506	0.0185	1.0000	
12 行业同构压力	56.79	61.89	0.0419	0.1833	-0.1830	0.0786	-0.0405	0.0089	-0.0807	0.0557	-0.0722	0.0216	0.3499	1.0000

注：$N=535$；绝对值≥ 0.095 的相关系数均在 0.05 的水平下是显著的。

表 3.6 子研究一的多重共线性检验结果

变量	VIF	1/VIF
企业规模	2.04	0.491
无形资产	1.77	0.564
要素市场发展水平	1.58	0.634
区域同构压力	1.48	0.674
负债率	1.45	0.691
产品市场发展水平	1.41	0.709
国际化经验	1.37	0.732
资产收益率	1.36	0.736
行业同构压力	1.28	0.782
所有权性质	1.14	0.878
外资股本占比	1.04	0.960
VIF 均值	1.45	

3.5.2 回归结果

由于因变量对外直接投资倾向性是一个计数型变量,故本研究需要采用一种计数型的回归模型来估计回归参数(Greene,2003)。在现有研究中,负二项回归模型和泊松回归模型是两种常用的计数型回归模型(Xia et al.,2014;Deng et al.,2015)。采用泊松回归模型的前提是因变量需要服从泊松分布,并且,它的均值和方差变异要相等。而负二项回归模型并不需要因变量的均值和方差等值的条件。如果因变量的分布过度分散,它就无法满足均值和方差变异相等的条件,那么,泊松回归模型就不能被用来估计回归模型的回归参数。在这种情况下,研究者通常采用负二项回归模型。由于本研究的因变量的分布过度分散,不适合采用泊松回归模型,因此,本书选择负二项回归模型来估计。除此之外,本研究的数据结构是一个平衡面板数据。对平衡面板数据的处理需要在固定效应模型和随机效应模型之间进行选择。为此,我们进行了 Hausman 检验。Hausman 检验的结果表明,固定效应模型更适合用来估计本研究的回归参数。

参照已有研究的做法,本研究使用多元回归的方法对研究的主效应、调节效应进行逐步的检验,从而检验本研究提出的 H1、H2、H3 和 H4,并将结果汇报在表 3.7 中。为了避免多重共线性问题,本研究采用 Aiken 等(1991)的建议,在生成交互项时,对自变量和调节变量的原始数据进行了中心化处理。

H1 预测中国企业受到的区域同构压力与其进行对外直接投资倾向性正相关。在模型 1 中,本研究放入了控制变量和调节变量进行回归分析。在模型 2 中,本研究模型 1 的基础上加入了区域同构压力这一变量,发现它与因变量显著正相关($b=0.0105$,$p<0.01$)。结果表明,中国企业受到的区域同构压力与其进行对外直接投资倾向性正相关。因此,H1 得到了支持,即中国企业受到来自区域伙伴的同构压力越大,那么,中国企业进行对外直接投资的可能性就越大。

H2 预测中国企业受到的行业同构压力与其进行对外直接投资的倾向性正相关。本研究模型 1 中,本研究放入了控制变量和调节变量进行回归分析。在模型 3 中,本研究在模型 1 的基础上加入了行业同构压力这一变量,发现它与因变量显著正相关($b=0.0115$,$p<0.05$)。结果表明,中国企业受到的行业同构压力与其进行对外直接投资倾向性正相关。因此,H2 得到了支持,即中国企业受到来自同行业伙伴的同构压力越大,那么,其进行对外直接投资的可能性就越大。

H3 预测了所有权性质对区域同构压力和中国企业对外直接投资倾向性之间的关系的正向调节作用。本研究在模型 4 中加入了由区域同构压力和所有权性质构造的交互项,发现交互项与因变量显著正相关($b=0.0482$,$p<0.01$)。因此,H3 得到了支持,即在受到一定的区域同构压力的情况下,相比于民营企业,国有企业更加倾向于进行对外直接投资。

H4 预测了企业规模对行业同构压力和中国企业对外直接投资倾向性之间的关系的正向调节作用。本研究在模型 5 中加入了由行业同构压力和企业规模构造的交互项,发现交互项与因变量显著正相关($b=0.0052$,$p<0.05$)。因此,H4 得到了支持,即在受到一定的行业同构压力的情况下,相比于小企业,大企业更加倾向于进行对外直接投资。

本研究的假设结果汇总参见表 3.8。

表 3.7　负二项模型回归结果（固定效应）

变量名称	模型 1	模型 2	模型 3	模型 4	模型 5	模型 6
常数项	1.2251(1.6918)	1.5753(1.1300)	1.7334(1.4391)	2.1546*(1.1345)	1.6342(1.2028)	1.9591(1.2040)
国际化经验	−0.2694***(0.0529)	−0.3158***(0.0541)	−0.3204***(0.0578)	−0.3724***(0.0559)	−0.3625***(0.0567)	−0.3922***(0.0572)
资产收益率	1.5147(1.6480)	2.2592(1.6176)	2.1668(1.6251)	2.6912*(1.6152)	2.2851(1.6289)	2.5479(1.6341)
外资股本占比	0.7878(1.5900)	1.0449(1.5851)	1.2813(1.5837)	1.5106(1.6087)	1.0268(1.5970)	1.2097(1.6023)
负债率	−0.6522(0.7732)	−0.1610(0.7375)	−0.4514(0.7765)	−0.1355(0.7577)	−0.1049(0.7571)	0.0281(0.7609)
无形资产	0.2710*(0.1422)	0.2681*(0.1387)	0.2570*(0.1450)	0.1901(0.1424)	0.2326*(0.1378)	0.1799(0.1449)
产品市场发展水平	−0.2570**(0.1187)	−0.1471(0.1231)	−0.1375(0.1265)	−0.1024(0.1254)	−0.1136(0.1274)	−0.1170(0.1266)
要素市场发展水平	−0.0625(0.0970)	0.0124(0.0938)	−0.0357(0.1000)	0.0342(0.1009)	0.0193(0.0926)	0.0244(0.0961)
所有权性质	−0.8871(0.6939)	−0.9483(0.6972)	−0.7328(0.6926)	1.0969(0.9353)	−0.8107(0.7032)	0.9552(0.9179)
企业规模	0.7774***(0.2441)	0.8839***(0.2287)	0.7629***(0.2535)	0.8611***(0.2447)	0.9348***(0.2448)	0.9797***(0.2470)
区域同构压力		0.0105***(0.0033)		0.0134***(0.0040)	0.0113***(0.0037)	0.0158***(0.0041)
行业同构压力			0.0115**(0.0445)	0.0084*(0.0046)	0.0018(0.045)	0.0027(0.0048)
区域同构压力×所有权性质				0.0482***(0.0167)		0.0440***(0.0164)
行业同构压力×企业规模					0.0052**(0.0021)	0.0049**(0.0021)
Log likelihood	−337.36	−331.34	−332.86	−326.36	−326.84	−323.67
Wald Chi-square	56.78***	71.35***	63.57***	85.11***	74.04***	82.01***
样本数	535	535	535	535	535	535

注：（）内的数值为标准误差；* p<0.1，** p<0.05，*** p<0.01。

表 3.8　子研究一假设检验结果汇总

假设	假设内容	结果
H1	来自区域伙伴的同构压力与企业自身的对外直接投资倾向性正相关。	支持
H2	来自行业伙伴的同构压力与企业自身的对外直接投资倾向性正相关。	支持
H3	对于国有企业来说,来自区域伙伴的同构压力与企业自身的对外直接投资倾向性之间的正相关关系更强。	支持
H4	对于大企业来说,来自行业伙伴的同构压力与企业自身的对外直接投资倾向性之间的正相关关系更强。	支持

3.5.3　稳健性检验

考虑到本研究的数据结构具有嵌套性质,表现为不同企业嵌套于同一区域或同一行业。为了避免观测值之间可能存在的非独立性问题,本研究采用 HLM 对结果进行了稳健性检验,并将结果汇总在表 3.9 中。表 3.9 的结果与表 3.7 的结果基本一致。在模型 1 和模型 2 中,区域同构压力与因变量显著正相关,结果分别为($b=0.0063,p<0.01$)和($b=0.0075,p<0.01$),因此,H1 得到了支持,说明中国企业受到来自同区域伙伴的同构压力越大,那么,中国企业进行对外直接投资的可能性就越大。在模型 3 和模型 4 中,行业同构压力与因变量显著正相关,结果分别为($b=0.0059,p<0.01$)和($b=0.0058,p<0.01$),因此,H2 得到了支持,说明中国企业受到来自同行业伙伴的同构压力越大,那么,中国企业进行对外直接投资的可能性就越大。在模型 1 和模型 2 中,由区域同构压力和所有权性质构造的交互项与因变量显著正相关,结果分别为($b=0.0103,p<0.1$)和($b=0.0114,p<0.1$),因此,H3 得到了支持,即在受到一定的区域同构压力的情况下,相比于民营企业,国有企业更加倾向于进行对外直接投资。在模型 3 和模型 4 中,由行业同构压力和企业规模构造的交互项与因变量显著正相关,结果分别为($b=0.0026,p<0.05$)和($b=0.0026,p<0.1$),因此,H4 得到了支持,即在受到一定的行业同构压力的情况下,相比于小企业,大企业更加倾向于进行对外直接投资。上述基于 HLM 的分析得到的结果表明本书的研究结果具有稳健性。

表 3.9　基于 HLM 的分析结果

变量名称	模型 1	模型 2	变量名称	模型 3	模型 4
	层 1（企业层）			层 1（企业层）	
常数项	-0.4549*** (0.1489)	1.2966* (0.7282)	常数项	-3.0271*** (0.5578)	-2.9937*** (0.4579)
所有权性质	0.0983 (0.4988)	0.1256 (0.5630)	企业规模	0.5836*** (0.1505)	0.6813*** (0.1107)
区域同构压力	0.0063*** (0.0009)	0.0073*** (0.0013)	行业同构压力	0.3059*** (0.0011)	0.3058*** (0.0016)
区域同构压力×所有权性质	0.0103* (0.0062)	0.0104** (0.0065)	行业同构压力×企业规模	0.3026** (0.0012)	0.3026* (0.0015)
	层 2（区域层）			层 2（行业层）	
产品市场发展水平		-0.1379 (0.0880)	制造业		-0.1186 (0.2496)
要素市场发展水平		-0.132** (0.0476)			
组间方差	0.32***	0.25***		0.20***	0.21***

注:()内的数值为标准误;* $p<0.1$，** $p<0.05$，*** $p<0.01$。

3.6　研究小结

　　中国企业对外直接投资的驱动力近年来受到国际商务研究领域学者的普遍关注。现有研究主要聚焦在中国企业对外直接投资的动机类型上面(Luo et al., 2007；Lu et al., 2011；Cui et al., 2014)。例如,Buckley 等(2007)的研究认为,中国企业的对外直接投资动机与发达国家跨国企业的投资动机并没有明显的差别。Dunning 等(2008a)提出的企业对外直接投资的四种动机除了效率寻求型投资动机在中国企业身上体现得并不明显之外,其他三种动机(市场寻求动机、自然资产寻求动机和战略资产寻求动机)在中国企业对外直接投资过程中均有明显的体现。Luo 等(2007)提出的跳板理论除了从资源获取的角度来分析投资动机以外,还引入了母国制度因素的影响,认为像中国企业这样的新兴市场跨国企业进行对外直接投资不仅出于获取战略资产的目的,而且也是为了规避母国的制度限制,从而弥补其在与发达国家跨国公司竞争中的劣势。尽管这些研究有助于我们深入地理解中国企业对外直接投资的动机类型,但是,除此之外,中国企业在对外直接投资的动机程度上也具有差异性,有的中国企业具有更强的对外直接投资倾向,而有的企业的投资动机则相对较弱。然而,这一现实在现有研究中并没有引起足够的关注和重视。本研究基于外部合法性寻求视角,探讨了中国企业的对外直接投资倾向性表现出差异的原因,认为这种差异主要由企业受到的外部同构压力和其自身的合法性寻求动机共同决定。因此,在外部同构压力方面,本研究引入了来自区域伙伴和行业伙伴的影响,除此之外,还考虑了表征(或代理)合法性寻求动机的所有权性质和企业规模这两个企业自身特征因素的调节作用。在此基础上,通过实证检验得到了以下结论:

　　第一,中国企业受到的区域同构压力越大,其进行对外直接投资的可能性越大。这一结果表明中国企业对外直接投资的动机强弱受到同一区域内其他企业的影响。即当企业家意识到同区域内的其他企业进行对外直接投资时,自己也会受到影响,从而增加对外直接投资的可能性。中国的地方政府在资源分配和奖励惩罚方面拥有较大的自由裁定权,地方政府的认可和肯定对于企业的发展具有重要的作用。同区域内的企业由于受到同一个地方政府的管辖,它们需要为来自地方政府的合法性展开竞争。而很多时候地方政府是通过观察同区域内其他企业行为来作为自己判断的依据的。因此，企业的行为会受到同区域内其他企业的行为的影响。在这种情况下，当越来越多同区域内其他企业进行对外直接投资时，为了避免可能给地方政府留下的负面印象，"从众"和"跟风"等同构方式就成为很多企业的选择。这也说明了企业的行为之所以会受到同区域内其他企业行为的影响，主要是因为企业具有寻求来自地方政府合法性的动机。这也表明中国企业进行对外直接投资的动机更复杂。

第二，中国企业受到的行业同构压力越大，其进行对外直接投资的可能性也越大。这一结果表明中国企业对外直接投资的动机强弱除了受到同区域内其他企业的影响以外，还受到同行业其他企业的投资行为的影响。随着中国市场化改革的不断深入，市场在资源配置方面的作用变得日益重要。客户、投资者和供应商对企业行为的影响越来越大。对同一行业内的企业来说，谁能争取到这些市场利益相关者的认可，谁就越有可能在市场竞争中胜出。而为了获得市场利益相关者的认可，企业通常需要向他们释放表明自身能力的信号。在这种情况下，当越来越多的同行业企业通过对外直接投资来表明自身能力时，没有从事对外直接投资的企业就会感受到一种压力，从而增加对外直接投资的可能性。这一发现凸显了在市场经济条件下，同行业伙伴的影响的重要性。

第三，区域同构压力的影响受到所有权性质的调节。对于国有企业来说，来自区域伙伴的同构压力与企业自身的对外直接投资倾向性之间的正相关关系更强。也就是说，在受到一定的区域同构压力的情况下，国有企业进行对外直接投资的可能性更高。这说明了企业对区域同构压力的响应程度与企业寻求来自地方政府的合法性的动机强弱有关。由于所有权性质构建了政府和企业之间的联系，一般情况下，国有企业通常能得到来自政府更多的支持，企业对政府的依赖性也更强。在这种情况下，这些企业具有更强的寻求政府认可的动机。所以，相比于民营企业，国有企业有更强的响应政府"号召"的动机。这说明在探讨区域同构压力的作用时，不能够忽视企业寻求政府合法性动机的影响。

第四，本研究发现行业同构压力的影响受到企业规模大小的调节。对大企业来说，来自行业伙伴的同构压力与企业自身的对外直接投资倾向性之间的正相关关系更强。也就是说，在受到一定的行业同构压力的情况下，大企业进行对外直接投资的可能性更高。这说明了企业对行业同构压力的响应程度与企业寻求来自市场利益相关者的合法性的动机强弱有关。在中国,相比于小企业,大企业通常具有更强的寻求来自市场利益相关者的合法性的动机。这是因为,一方面,如果没有得到市场利益相关者的支持,大企业受到的负面影响会更大;另一方面,在中国企业对外直接投资的情境下,由于大企业更容易得到金融机构提供的金融支持,它们的对外直接投资项目也更容易得到监管部门的审批,它们通常被认为更应该进行对外直接投资。也就是说,相比于小企业,大企业被寄予了更高的期望。这说明在探讨行业同构压力的作用时,不能够忽视企业寻求市场利益相关者合法性的动机的影响。

第五,研究结果还表明国际化经验与因变量之间呈显著负相关关系。这与现有研究中关于国际化经验的实证结果相反。一个可能的解释是在本书的研究情境中,缺乏国际化经验的中国企业将参与对外直接投资视为获取地方政府和市场利益相关者的合法性的一种手段。一旦这些企业具有了国际化经验,得到了来自地方政府和市场利益相关者的合法性,它们从事对外直接投资的动机就会下降。这进一步说明中国企业的对外直接投资一定程度上是为了缓解社会压力。

4 子研究二:基于内部同构视角的进入模式选择

4.1 引言

企业在进行对外直接投资时通常面临一个问题,即以何种方式进入海外市场(王益民等,2002;Cui et al.,2009b;Chang et al.,2013)。合资是企业可以选择的一种重要的海外市场进入战略,也是中国企业在对外直接投资过程中经常采用的一种市场进入模式(Cui et al.,2012)。企业为什么采用合资型市场进入模式? 这一问题一直以来是国际商务领域的学者关注的重要课题。一些研究从制度理论出发,探讨了内部合法性寻求机制在企业选择合资型市场进入模式过程中的作用。这些研究认为:企业出于获取组织内部合法性的考虑,会受到以往决策经历的影响,以往采用合资型的市场进入模式的次数越多,再次采用合资模式的可能性就会越高(Lu,2002;Yiu et al.,2002;Swoboda et al.,2015)。

尽管已有不少研究探讨了企业的所有权性质和规模对企业国际化决策的影响(Cui et al.,2012;Huang et al.,2014),然而,这些研究并没有将企业的所有权性质和规模对企业内部合法性寻求动机的作用纳入研究中。本书认为不同的所有权性质和规模的企业在决策的流程化程度、管理者思维等方面都有很大的差异,进而在寻求内部合法性上也有所不同,从而影响到企业遵循以往决策经历的程度。

针对上述分析,本研究从内部合法性寻求角度出发,首先考察中国企业在对外直接投资过程中的合资经历对下一次的市场进入模式选择的影响，接着分别探讨上述影响与企业的所有权性质和规模之间的关系。图 4.1 展示了子研究二的研究模型。根据上述研究思路，本研究基于沪深两市 126家上市企业在 2001—2012 年进行的 571 项对外直接投资活动的数据，对研究假设进行了实证检验，并得出了研究结论。

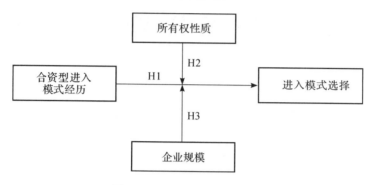

图 4.1 子研究二的研究模型

4.2 文献回顾

许多研究试图从不同视角解释企业选择合资型进入模式进入海外市场的原因。交易成本理论认为合资型进入模式有助于企业应对其在对外直接投资过程中面临的风险和不确定性。由于当地合资伙伴的加入，投资企业不仅可以减少资源承诺从而降低投资风险（Tihanyi et al. ，2005），而且还可以依靠当地的合作伙伴更好地处理与当地员工、供应商、消费者和政府的关系（Kogut et al. ，1988），从而降低在东道国运营的不确定性。期权理论认为合资还可以作为降低投资风险的期权模式。投资企业在东道国建立合资企业后，如果不确定性降低了，投资企业还可以进一步增加投资或收购合资企业（Chang et al. ，2013）。而资源观认为合资是投资企业获取资源的一种方式，当东道国的要素市场不完善时，投资企业可以通过与当地企业建立合资的形式获得互补资产（Delios et al. ，1999）。

尽管效率寻求机制在企业选择合资型进入模式过程中具有重要的作用，然而，企业处于高度结构化的历史和文化情境中（Granovetter，1985），在选择进入模式时，也会受到合法性寻求机制的影响。比如，Cui 等（2012）认为,合资型进入模式是投资企业出于获取母国和东道国的合法性目的的结果。除了外部合法性寻求动机的影响外,内部合法性寻求动机的作用也是驱动投资企业选择合资型进入模式的原因。Lu（2002）和 Yiu 等（2002）的研究验证了上述看法。然而,我们不能忽视的一个事实是,不同类型的企业受到内部合法性机制的作用是存在差异的,而这一点在现有研究中并没有被充分探讨。为了弥补这一理论缺口,本研究将企业所有权性质和企业规模纳入研究中,探讨国有企业和民营企业,以及规模较大企业和规模较小企业在寻求内部合法性过程中表现出的差异。

4.3 假设提出

4.3.1 合资型进入模式经历对下一次进入模式选择的影响

决策者在制定决策时受到组织中的历史因素和决策者自身认知图式的影响。North（1990）认为,历史因素是形成制度的重要因素,处在制度环境中的决策者在制定决策时倾向于选择组织历史上做过的决策。除了组织中的历史因素外,决策者自身的认知图式也会限制决策者的可供选择的决策范围（Scott, 1995）。决策者的认知图式建立在决策者对现实感知的基础上,决策者利用认知图式来理解和解释世界（Ang et al., 2015）。尤其是在面对复杂的决策情境时,决策者通常选择具有合法性的决策（Meyer et al., 1977）。

决策者在制定进入模式的决策时,通常需要考虑企业所面对的高度不确定性,比如东道国市场中交易方式的不确定性等。这种不确定性尤其给投资经验不足的企业带来巨大的挑战（Henisz et al., 2001）。在这种复杂的决策情境下,决策者难以预计决策的后果。如果决策者选择一种不熟悉的决策,那么,决策失败的风险会很高。因此,决策者会选择在相似情境下做过的决策。并且,这种决策被决策者采用的次数越多,越具有内部合法性。这是因为组织本身也是一个制度环境,如果一个决策在组织中被多次采用,那么,这个决策就会在组织中逐渐制度化,决策者再次选择这一决策也会被认为是"理所当然"的（Lu, 2002）。另外,一个决策被采用的次数越多,组织的决策者及其他成员对这个决策及决策执行过程中遇到的问题越了解（Padmanabhan et al., 1999）,组织决策者再次使用这个决策时,也容易被组织中的其他成员接受，因此，这个决策在组织中就越具有内部合法性。

由此可见，如果一家企业合资型市场进入模式的经历越丰富，那么，它的决策者在下一次选择市场进入模式时，出于寻求组织内部合法性的考虑，再次选择合资型市场进入模式的可能性会越高。于是，本研究提出以下假设：

H1：中国企业以往采用合资型进入模式的次数越多，下一次投资时再次选择合资型进入模式的可能性会越高。

4.3.2 所有权性质的调节作用

一方面，国有企业通过国家所有权的形式与政府及其相关机构建立政治隶属关系（Cui et al.，2012）。相比于其他所有制形式企业，国有企业在获取政府资源、受政策保护方面存在优势。在获取政府资源方面，政府通过各种直接或间接的形式向国有企业提供资源，使得国有企业能够获得其他所有制形式的企业难以获得的资源、信息和机会（Pan et al.，2014；Shi et al.，2014）。在受政策保护方面，政府作为第三方力量可以通过设立行业准入门槛限制其他所有制企业进入相关行业，进而保护国有企业（Pan et al.，2014）。例如，Huang（2003）发现一些行业中的中国企业在国内市场尽管面临竞争实力更强的外资企业的竞争，但在中国政府的保护下可以生存下来。这些外生的政府支持减弱了国有企业面对的市场竞争程度，在一定程度上降低了国有企业变革的动力。在这种情况下，国有企业的决策者更加倾向于采用风险规避的方式来保持已有的优势地位，从而倾向于采用具有组织内部合法性的决策，如以往多次被组织采用过的决策。

另一方面，国有企业的决策者具有较强的政府思维（Shi et al.，2014），相比于其他所有制形式企业的管理人员，在管理的专业化水平和应对市场变化的能力上略显不足（Cuervo et al.，2000）。因此，当他们面对激烈的市场竞争或高不确定性的情况时，倾向于遵循组织惯例，采用具有内部合法性决策的可能性更高。并且，对于决策者来说，他们制定的具有内部合法性的决策更容易被上级主管部门认可。除此之外，具有内部合法性的决策也更容易被组织成员接受。

因此，在制定对外直接投资的市场进入模式的决策时，合资型进入经历越丰富，那么，相比于其他所有制形式企业的决策者，国有企业的决策者再次采用合资型进入模式的可能性会更高。于是，本研究提出以下假设：

H2：相比于民营企业，国有企业的合资型进入模式经历对下一次投资时再次使用合资型进入模式的正向作用更强。

4.3.3 企业规模的调节作用

企业的内部合法性寻求动机与企业规模密切相关。通常来讲,企业规模越大,其追求内部合法性的动机越强。首先,企业规模是衡量企业资源多少的一个重要指标,企业规模越大,企业拥有的资源越多(姚晶晶等,2015)。较大规模的企业在制定决策时更多依靠内部资源,为了得到企业内部的资源支持,企业决策者在制定决策时倾向于做出符合内部合法性要求的决策。相反,规模较小的企业由于拥有的资源更少,对外界环境的依赖程度更高,更容易受到外界环境的影响。为了获取外界环境的资源,倾向于随着外界环境的改变做出调整。

其次,企业规模对企业决策者的自主权有显著影响。通常来讲,企业规模与企业决策者的自主权呈负相关关系。企业规模越小,其专业化经营程度越低,往往所有权与经营权的分离越不明显。在很大程度上,企业的所有者管理着自己的企业,制定决策时自主权也更大。然而,随着企业规模的扩大,经营专业化的程度越来越高,企业往往需要引入专门的职业经理人进行管理。此时,所有权和经营权的分离变得显著,具有经营权的决策者在制定决策时自主权变小。在受到企业所有者监督的情况下,决策者更倾向于选择具有内部合法性的决策。

最后,随着企业规模的扩大,企业内部逐渐形成稳定的科层制(李路路等,2014),在这种组织环境中,具有内部合法性的决策更加容易被接受。此外,企业规模扩大往往引起企业结构的复杂化,从而增加企业内部信息的数量(李路路等,2014)。在这种情况下,决策者如果选择被企业多次采用的决策,由于不会增加额外的信息处理负担,这种决策更容易被企业内部成员接受。相反,决策者如果引入一种新的决策,由于增加了额外的信息处理负担,这种决策更容易受到组织内部成员的抵制。

因此,在进入模式选择的情境下,合资型进入模式一旦被多次使用,或是在企业内部被"制度化"之后,规模较小的企业更容易随着外界环境的改变调整自身的进入模式,而大企业更倾向于维持这种"制度化"的决策模式。于是,本研究提出以下假设:

H3:相比于小规模企业,大企业的合资型进入模式经历对下一次投资时再次使用合资型进入模式的正向作用更强。

4.4　研究方法

4.4.1　样本选择

子研究二主要探讨内部合法性寻求机制在中国企业进入模式选择过程中的影响，并展开实证研究。具体来讲，着重关注中国企业的合资型进入模式经历对其下一次投资的进入模式选择的影响，以及这种内部合法性寻求动机的影响是否会因为企业自身的所有权性质和企业规模的差异而发生变化。与子研究一类似，子研究二仍旧以沪深两市的参与对外直接投资活动的上市公司为研究样本。样本的选择过程与子研究一类似，仍旧以《2013年2季度上市公司行业分类结果表》和《境外投资企业（机构）名录》两份资料为基础确定投资企业的初始名单。与子研究一不同的是，子研究二的初始名单包含了《境外投资企业（机构）名录》登记的所有年份的投资项目，然后，再结合投资企业发布的年报和投资公告进一步确认上市公司境外投资活动的相关信息，比如本研究关注的投资目的地的相关信息。

以上述初始名单为基础，本研究先后在巨潮资讯网①、和讯网②上，对上市公司发布的年报和公告进行检索，进一步确认上市公司境外投资活动的相关信息。本研究主要根据上市公司发布的年报中的以下几部分内容对投资企业的境外活动的投资信息进行进一步确认：(1)企业合并报表中的"本年度新纳入合并范围的子公司"；(2)本年度重大投资活动中关于境外新设机构或收购项目的说明；(3)本年度董事会日常工作报告中关于审议境外新设机构或收购项目的说明。此外，为了尽可能确保上市公司境外投资活动信息的可靠性和完整性，本研究还进一步核对了境外投资活动发生当年或之前一年的对外直接投资公告、董事会公告和股东大会公告等披露的信息。需要注意的是，在对上市公司年报、对外直接投资公告、董事会公告和股东大会公告进行投资活动信息搜索的过程中，需要将《境外投资企业（机构）名录》中没有包含的境外投资项目的信息补充进来。

---

① 中国证监会指定的用以披露上市公司信息的网站。
② 联办集团（"中国证券市场研究设计中心"的前身）的下属网站，中国第一家财经资讯垂直网站。

在回归样本的选取过程中，需要注意的是如何处理企业投资初始年的项目。本研究关注的是企业以往合资经历对下一次投资时进入模式选择的影响，由于企业投资初始年的项目并没有受到以往投资经历（合资或全资经历）的影响，不符合本研究样本的要求。因此，本研究删除了企业投资初始年内的所有投资项目。最终参与分析的具有完整信息的境外投资活动为571项，这些项目由126家上市公司在2001—2012年完成。研究二将样本期设定在2001—2012年，主要基于以下原因：一方面，2001年中国加入世界贸易组织（WTO），中国政府开始实施"走出去"战略，中国企业的对外直接投资开始快速增长；另一方面，商务部对外投资和经济合作司核准和发布的《境外投资企业（机构）名录》从2013年开始调整，2014年开始采用新的投资项目信息库，不再披露境内投资主体的名称、境内投资主体的所属地等信息，为了确保统计口径的一致性，本研究只选取了该数据库截至2012年的数据。

4.4.2　样本描述

本研究将在以下部分对参与分析的571项境外投资活动的进入模式以及以往的合资型投资经历做简要描述。

表4.1给出了571项境外投资项目的进入模式的基本情况。从进入模式的分布情况来看，合资型进入模式有158项，占总项目数的27.7%。独资型进入模式有413项，占总项目数的72.3%。这说明126家样本企业在2001—2012年在进入模式选择过程中，倾向于选择独资型进入模式。

表4.1　样本企业进入模式分布情况

进入模式	项目数/项	占比/%
合资型	158	27.7
独资型	413	72.3

表4.2给出了571个项目的合资型投资经历的分布情况。在做出下一次进入模式选择之前，没有合资型投资经历的项目为194项，占34.0%。而在做出下一次进入模式选择之前，有合资型投资经历的项目为377项，占66.0%。其中合资型投资经历最多高达12次。由于具有合资型投资经历的项目数占到了将近2/3，这在一定程度上说明了以往的合资型投资经历可能是影响企业进入模式选择的一个重要因素。

表 4.2 合资型投资经历分布情况

合资型投资经历/次	项目数
0	194
1	173
2	81
3	10
4	15
5	73
7	9
8	2
9	7
10	1
11	3
12	3

4.4.3 变量测度和数据来源

4.4.3.1 因变量

本研究的因变量进入模式选择是一个二分虚拟变量,设定为合资或独资。在参考 Kaynak 等(2007)、Demirbag 等(2009)的研究基础上,本研究选择 10% 和 90% 的所有权为分界点来划分合资和独资。即:如果投资企业在分支机构中的所有权小于 10%,则该分支机构被认为是投资企业的财务性股权投资,不进入本研究的分析样本;如果投资企业在分支机构中的所有权占比为 10%~90%,则被认为是投资企业以合资方式进入东道国,对所有权虚拟变量赋值为 1;如果投资企业在分支机构中的所有权占比为 90% 以上,则被认为是以独资方式进入东道国,对所有权虚拟变量赋值为 0。因变量的数据来自上市公司年报。

4.4.3.2 自变量

本研究的自变量是合资型进入模式经历。它反映的是企业内部合法性寻求动机的强度。在参考 Delios 等(2008)、Ang 等(2015)、Li 等(2015)的研究基础上,本研究对自变量的测度方式为投资项目发生之前投资企业采用合资型市场进入模式的次数。自变量的数据来自上市公司年报。

4.4.3.3　调节变量

本研究的调节变量为企业所有权性质和企业规模。由于本研究主要比较国有企业和民营企业的内部合法性寻求动机的差异，所以，企业的所有权性质被设定为二分虚拟变量（杨洋等，2015）。当国家所有权占比为 50% 或以上时，企业被认定为国有企业，企业的所有权性质赋值为 1；当国家所有权占比为小于 50% 时，企业被认定为民营企业，企业的所有权性质赋值为 0。企业所有权性质的数据来自国泰安数据库。

与子研究一一样，企业规模是通过使用企业的员工数来测度的，并对数据进行了对数化处理。这一测度方式已经被现有研究广泛采用（Wang et al., 2012a；姚晶晶等，2015）。企业规模的数据来自国泰安数据库。

4.4.3.4　控制变量

为控制其他因素对企业进入模式选择的影响，本研究还设置了如下控制变量，包括与企业自身、母国、东道国以及母国和东道国之间关系等特性相关的变量。首先，投资企业自身特性的变量主要有：投资企业的国际化经验，用投资企业参与对外直接投资的次数来表示；东道国经验，用在相同东道国投资的次数来表示（Padmanabhan et al., 1999）。上述两个与投资经验相关的变量数据来自上市公司年报和《境外投资企业（机构）名录》。企业年龄用投资企业的对外直接投资项目发生时已成立的年数来测度。企业年龄的数据来自国泰安数据库。

其次，本研究还控制了与东道国特性相关的变量。东道国的外资开放程度，本研究用东道国吸收的外资总额与东道国的 GDP（国内生产总值）之比来表示，基础数据来自联合国贸易和发展会议（UNCTAD）数据库。东道国制度质量，世界银行建立了用来衡量一国制度质量的指标体系，这一体系包括民主议政程度、政治稳定性、政府管制效率、管制质量、法治环境和腐败控制 6 个指标（Cuervo-Cazurra et al., 2008），这 6 个指标的基础数据来自世界治理指数（WGI）（Kaufmann et al., 2009），本研究参考 Chan 等（2008）的论述，用主成分法对这一指标体系提取一个公因子，并将其命名为东道国制度质量，见表 4.3。

表 4.3　东道国制度质量的测量指标

变量	测量指标	因子载荷	累计方差解释率	数据来源
东道国制度质量	民主议政程度	0.7834	86.8%	世界治理指数
	政治稳定性	0.8846		
	政府管制效率	0.9693		
	管制质量	0.9791		
	法治环境	0.9852		
	腐败控制	0.9703		

再次，本研究也控制了与母国特征以及东道国和母国关系相关的变量：区域市场规模，用投资企业所在省份的人均 GDP 来表示，基础数据来自国泰安数据库。文化距离是东道国和母国在文化上表现出来的差异，是影响企业国际化决策的重要因素（Tihanyi et al.，2005；綦建红等，2014）。测度母国和东道国之间文化距离的方法通常参考 Kogut 等（1988）的做法，这一做法采用了 Hofstede（2001）的文化价值评价体系。该评价体系由 4 个维度指标构成，分别是权力距离、个人主义、不确定性规避和男性主义，计算公式如下：

$$CD_j = \sum_{i=1}^{4} \left\{ (I_{ij} - I_{ic})^2 / V_i \right\} / 4 \qquad （式 4.1）$$

其中，I_{ij} 表示东道国 j 的 i 项文化指标，I_{ic} 表示中国 c 的 i 项指标，V_i 表示 i 项指标的方差。由于本研究关注的是投资决策间的相互影响，投资企业如果有在类似或相同的东道国投资的经历，那么，再次在这些东道国投资时，东道国和母国间的文化距离对企业决策的影响会发生变化。因此，本研究调整了文化距离的计算公式，用当前投资发生的东道国和母国间的文化距离（CD_{n+1}）减去历次投资的东道国和母国间的文化距离之和的均值，调整后的计算公式如下：

$$CD_{n+1} = CD_{n+1} - \left(\sum_{k=1}^{n} CD_k \right) / n \qquad （式 4.2）$$

此外，由于受到金融危机的影响，全球经济低迷，然而，中国成了全球经济增长的引擎。2008 年后，中国的对外直接投资增长势头迅猛。所以，对中国企业来说，对外直接投资的动机和进入模式选择可能随着时间的推移发生很大的变化。为了控制这种时间效应的影响，本研究加入了时间控制变量。同时，考虑到不同行业的企业在投资动机方面存在的差异带来的对企业进入模式的影响,本研究也将行业控制变量加入到回归方程中。本研究的变量、测量方式和数据来源如表 4.4 所示。

表 4.4 子研究二的变量、测量方式和数据来源

变量类型	变量名称	测量方式	数据来源
因变量	进入模式选择	合资为 1,独资为 0	上市公司年报
自变量	合资型进入模式经历	投资项目发生之前投资企业采用合资型市场进入模式的次数	上市公司年报
调节变量	所有权性质	国有企业为 1,民营企业为 0	国泰安数据库
	企业规模	企业员工数的自然对数	
控制变量	国际化经验	投资企业参与对外直接投资的次数	《境外投资企业(机构)名录》及上市公司年报
	东道国经验	在相同东道国投资的次数	
	企业年龄	投资企业成立的年数	国泰安数据库
	东道国的外资开放程度	东道国吸收的外资总额与东道国的 GDP 之比	联合国贸易和发展会议数据库
	东道国制度质量	通过主成分分析对民主议政程度、政治稳定性、政府管制效率、管制质量、法治环境和腐败控制 6 个指标提取公因子	世界治理指数(WGI)
	区域市场规模	投资企业所在省份的人均 GDP	国泰安数据库
	文化距离	东道国和母国间的文化距离减去历次投资的东道国和母国间的文化距离之和的均值	Hofstede(2001)的文化价值评价体系
	时间	2001—2012 年共 12 年,设置 11 个虚拟变量	《境外投资企业(机构)名录》及上市公司年报
	行业	11 个行业,设置 10 个虚拟变量	国泰安数据库

4.5 研究结果

4.5.1 描述性统计

子研究二涉及的主要研究变量的描述性统计参数见表 4.5。从变量之间的相关系数来看,合资型进入模式经历、所有权性质、东道国经验、企业年

龄、区域市场规模、东道国的外资开放程度与进入模式选择正相关,而企业
规模、国际化经验、文化距离、东道国的制度质量与进入模式选择负相关。
其中,合资型进入模式经历与进入模式选择的相关系数为 0.033,相关系数
的方向与本研究的 H1 基本一致,初步说明本研究的 H1 有较强的合理性。

为检验变量间的多重共线性对回归结果的影响,本研究计算了各个解
释变量的 VIF 值,见表 4.6。所有解释变量的 VIF 均值为 1.54,低于 3,并
且单一变量的 VIF 值都低于临界值 10。因此,解释变量间并不存在明显的
多重共线性问题。

表 4.5 子研究二的均值、标准差和相关系数

变量	均值	标准差	1	2	3	4	5	6	7	8	9	10	11
1 合资型进入模式经历	1.771	2.253	1.000										
2 企业规模	8.717	1.390	0.157	1.000									
3 所有权性质	0.107	0.309	−0.126	0.100	1.000								
4 国际化经验	6.595	7.400	0.690	0.368	−0.173	1.000							
5 东道国经验	0.986	2.408	0.481	−0.145	−0.069	0.310	1.000						
6 企业年龄	10.902	4.301	0.022	0.063	−0.210	−0.074	0.166	1.000					
7 文化距离	0.077	1.517	0.044	−0.123	−0.162	0.071	−0.066	−0.143	1.000				
8 区域市场规模	4.522	0.254	0.028	−0.249	−0.058	0.002	−0.001	0.164	0.005	1.000			
9 东道国的外资开放程度	4.454	6.824	0.159	−0.033	0.062	0.061	0.277	0.069	−0.138	−0.051	1.000		
10 东道国的制度质量	0.000	2.282	−0.304	−0.107	−0.009	−0.018	0.228	−0.015	0.311	−0.014	0.184	1.000	
11 进入模式选择	0.277	0.448	0.033	−0.173	0.014	−0.038	0.080	0.061	−0.016	0.121	0.048	−0.037	1.000

注：$N=571$；绝对值$\geqslant 0.071$ 的相关系数均在 0.05 的水平下是显著的。

表 4.6 子研究二的多重共线性检验结果

变量	VIF	1/VIF
国际化经验	2.46	0.406
合资型进入模式经历	2.31	0.433
东道国经验	1.71	0.586
企业规模	1.57	0.637
文化距离	1.28	0.779
东道国制度质量	1.28	0.782
企业年龄	1.25	0.801
所有权性质	1.19	0.843
东道国的外资开放程度	1.16	0.861
区域市场规模	1.16	0.865
VIF 均值	1.54	

4.5.2 回归结果

由于因变量进入模式选择是一个二分变量,故本研究采用 Logit 模型进行估计。Logit 模型的具体公式为:

$$P_i = e^{-\beta X_i}/(1 + e^{-\beta X_i}) \qquad (式 4.3)$$

其中 P_i 表示投资企业采用合资型市场进入模式的概率,X_i 为解释变量向量,代表影响企业选择合资型市场进入模式概率的一系列因素。正的系数表示该解释变量增加投资企业采用合资型市场进入模式的概率,反之,则表示降低投资企业采用合资型市场进入模式的概率。

参照已有研究的做法,本研究使用多元回归的方法对研究的主效应、调节效应进行了逐步的检验,从而检验本研究提出的 H1、H2 和 H3,并将结果汇报在表 4.7 中。为了避免多重共线性问题,本研究采用 Aiken 等(1991)的建议,在生成交互项时,对自变量和调节变量的原始数据进行了中心化处理。

H1 预测中国企业以往的合资型进入模式经历与其再次投资时选择合资型进入模式正相关。在模型 1 中,本研究放入了控制变量和调节变量进行回归。在模型 2 中,本研究在模型 1 的基础上加入了合资型进入模式经历这一变量,发现它与因变量显著正相关($b = 0.133$,$p < 0.1$)。结果表明,

合资型市场进入模式经历对再次选择合资型市场进入模式具有正向作用。因此,H1 得到了支持,即中国企业以往采用合资型市场进入模式的次数越多,那么,在下一次投资时,再次选择合资型进入模式的可能性越高。

H2 预测了中国企业的所有权性质对合资型进入模式经历和进入模式选择之间的关系的正向调节作用。本研究在模型 3 中加入了由合资型经历和所有权性质构造的交互项,发现交互项与因变量显著正相关$(b=0.990,p<0.05)$。因此,H2 得到了支持,即相比于民营企业,国有企业合资型市场进入模式的经历对下一次投资时再次使用合资型市场进入模式的正向作用更强。

H3 预测了中国企业的企业规模对合资型进入模式经历和进入模式选择之间的关系的正向调节作用。本研究在模型 4 中加入了由合资型进入模式经历和企业规模构造的交互项,发现交互项与因变量显著正相关$(b=0.000,p<0.05)$。因此,H3 得到了支持,即相比于小规模企业,大企业合资型市场进入模式的经历对下一次投资时再次使用合资型市场进入模式的正向作用更强。

在模型 5 中,本研究放入了所有控制变量、调节变量、自变量和交互项,结果表明合资型进入模式经历$(b=0.142,p<0.1)$、合资型进入模式经历和所有权性质的交叉项$(b=0.913,p<0.05)$、合资型进入模式经历和企业规模的交叉项$(b=0.000,p<0.1)$与因变量均显著正相关。H1、H2 和 H3 得到了进一步的支持。本研究的假设结果汇总见表 4.8。

表 4.7　Logit 模型回归结果

变量名称	模型 1	模型 2	模型 3	模型 4	模型 5
国际化经验	−0.022(0.021)	−0.048*(0.027)	−0.043(0.027)	−0.072**(0.030)	−0.064**(0.030)
东道国经验	0.040(0.062)	0.005(0.066)	−0.000(0.067)	0.039(0.068)	0.029(0.069)
企业年龄	0.028(0.029)	0.025(0.029)	0.025(0.029)	0.019(0.029)	0.021(0.030)
文化距离	0.056(0.077)	0.040(0.078)	0.020(0.079)	0.057(0.379)	0.036(0.080)
区域市场规模	1.970***(0.627)	1.828***(0.636)	1.997***(0.649)	1.989***(0.650)	2.104***(0.659)
东道国的外资开放程度	0.008(0.017)	0.005(0.017)	0.005(0.017)	0.008(0.017)	0.007(0.017)
东道国的制度质量	−0.128**(0.054)	−0.112**(0.055)	−0.107*(0.055)	−0.125**(0.056)	−0.119**(0.056)
企业规模	−0.180*(0.100)	−0.164*(0.099)	−0.180*(0.103)	−0.145(0.101)	−0.168(0.104)
所有权性质	0.232(0.464)	0.289(0.464)	1.249**(0.623)	0.323(0.467)	1.190*(0.627)
时间	控制	控制	控制	控制	控制
行业	控制	控制	控制	控制	控制
合资型进入模式经历		0.133*(0.076)	0.116(0.077)	0.161**(0.078)	0.142*(0.079)
合资型进入模式经历×所有权性质			0.990**(0.422)		0.913**(0.428)
合资型进入模式经历×企业规模				0.000(0.000)	0.000(0.000)
常数项	−0.697**(0.326)	−0.654**(0.329)	−0.576*(0.332)	−0.699**(0.334)	−0.614*(0.336)
Log likelihood	−305.496***	−303.967***	−300.908***	−301.982***	−299.501***

续　表

变量名称	模型 1	模型 2	模型 3	模型 4	模型 5
LR Chi-square	58.01	61.07	67.19	65.04	70.00
Pseudo R-square	0.0867	0.0913	0.1004	0.0972	0.1046
样本数	571	571	571	571	571

注：（）内的数值为标准误差；* $p<0.1$，** $p<0.05$，*** $p<0.01$。

表 4.8 子研究二假设检验结果汇总

假设	假设内容	结果
H1	中国企业以往采用合资型进入模式的次数越多,下一次投资时再次选择合资型进入模式的可能性会越高。	支持
H2	相比于民营企业,国有企业的合资型进入模式经历对下一次投资时再次使用合资型进入模式的正向作用更强。	支持
H3	相比于小规模企业,大企业的合资型进入模式经历对下一次投资时再次使用合资型进入模式的正向作用更强。	支持

4.5.3 稳健性检验

为检验研究结果的稳健性,本研究进一步进行了稳健性检验,使用因变量的不同度量方法,检验回归结果是否具有稳健性。在稳健性检验部分,本研究在参照 Xie (2014)的研究的基础上,选择 10% 和 95% 的所有权为分界点来划分合资和独资。即:如果投资企业在分支机构中的所有权小于 10%,则该分支机构被认为是投资企业的股权投资,不进入本研究的分析样本;如果投资企业在分支机构中的所有权占比为 10%~95%,则被认为是投资企业以合资方式进入东道国,对所有权虚拟变量赋值为 1;如果投资企业在分支机构中的所有权占比为 95% 以上,则被认为以独资方式进入东道国,对所有权虚拟变量赋值为 0。

使用这一新的因变量的回归结果参见表 4.9。从表 4.9 可以看出,合资型进入模式经历($b=0.111,p<0.1$)(见模型 2)、合资型进入模式经历和所有权性质的交叉项($b=0.910,p<0.01$)(见模型 3)、合资型进入模式经历和企业规模的交叉项($b=0.000,p<0.1$)(见模型 4)与因变量均显著正相关,与表 4.7 的回归结果一致。上述稳健性检验的结果说明了因变量的不同度量方法的回归结果具有较强的一致性,表明研究的结果是稳健的。

表 4.9 进入模式不同度量方法的回归结果

变量名称	模型 1	模型 2	模型 3	模型 4	模型 5
国际化经验	-0.024(0.020)	-0.048*(0.026)	-0.043(0.026)	-0.069**(0.029)	-0.059**(0.030)
东道国经验	0.047(0.061)	0.016(0.064)	0.014(0.065)	0.042(0.066)	0.034(0.066)
企业年龄	0.025(0.028)	0.021(0.028)	0.022(0.029)	0.015(0.028)	0.019(0.029)
文化距离	0.011(0.075)	-0.003(0.076)	-0.024(0.077)	0.008(0.076)	-0.015(0.077)
区域市场规模	1.701***(0.603)	1.527**(0.613)	1.647***(0.627)	1.683***(0.628)	1.744***(0.637)
东道国的外资开放程度	0.011(0.016)	0.009(0.016)	0.009(0.017)	0.011(0.016)	0.011(0.017)
东道国的制度质量	-0.128**(0.052)	-0.115**(0.053)	-0.113**(0.053)	-0.123**(0.054)	-0.119**(0.054)
企业规模	-0.185*(0.098)	-0.161(0.098)	-0.171*(0.101)	-0.136(0.099)	-0.157(0.102)
所有权性质	0.425(0.448)	0.479(0.448)	1.318**(0.556)	0.529(0.452)	1.301**(0.556)
时间	控制	控制	控制	控制	控制
行业	控制	控制	控制	控制	控制
合资型进入模式经历		0.111*(0.066)	0.093(0.067)	0.142**(0.069)	0.119*(0.070)
合资型进入模式经历×所有权性质			0.910***(0.302)		0.864***(0.306)
合资型进入模式经历×企业规模				0.000*(0.000)	0.000(0.000)
常数项	-0.733**(0.325)	-0.703**(0.327)	-0.601*(0.329)	-0.732**(0.331)	-0.620**(0.332)
Log likelihood	-318.511***	-317.085***	-311.839***	-315.566***	-311.026***

续　表

变量名称	模型 1	模型 2	模型 3	模型 4	模型 5
LR Chi-square	55.06	57.91	68.40	60.95	70.03
Pseudo R-square	0.0796	0.0837	0.0988	0.0881	0.1012
样本数	571	571	571	571	571

注：( ) 内的数值为标准误差；* $p < 0.1$，** $p < 0.05$，*** $p < 0.01$。

4.6　研究小结

合资型市场进入模式是中国企业在对外直接投资过程中经常采用的一种市场进入方式，是企业规避外来者劣势的一种重要的战略手段。现有研究大多从经济效率的角度来探讨影响企业采用合资型市场进入模式的因素和作用机制。在现实中，我们可以发现企业的决策通常会受到以往决策的影响，表现出对以往决策的"依赖性"。企业自身是一个微型的制度环境，企业的决策者在制定决策时，通常倾向于选择具有内部合法性的决策（Lu，2002；Yiu et al.，2002；杨东宁等，2005），同样地，中国企业进入模式的选择理应也受到组织内部环境的影响。然而，从内部合法性角度来探讨影响中国企业采用合资型市场进入模式的因素的研究还相对较少。为了弥补上述研究缺口，本研究基于内部合法性视角，致力于揭示影响这种决策依赖性的因素及其作用机制，以期为进一步理解中国企业的市场进入模式的选择提供理论支撑和实证依据。本研究首先探讨了合资型市场进入模式的决策经历对中国企业的下一次市场进入模式选择的影响。在此基础上，还探讨了上述影响是否会因企业的所有权性质和企业规模的差异而发生变化。具体来讲，合资型市场进入模式的经历对国有企业和大企业的市场进入模式选择的影响是否会更加明显。带着上述疑问，本研究进行了实证研究并得出了以下结论：

第一，中国企业在对外直接投资过程中，采用合资型市场进入模式的次数越多，下一次投资时再次采用合资型市场进入模式的可能性也越高。这一结果表明中国企业在进入模式选择过程中受到内部合法性机制的作用。这种作用会限制可供企业决策者选择的决策范围，降低决策者寻找新决策的可能性，从而表现出对以往决策的"依赖性"。这一发现表明中国企业在进入模式选择过程中，除了考虑经济效率的因素外，也受到企业内部制度环境的影响。

第二，中国企业在进行市场进入模式选择时，对以往决策的依赖性程度与企业的所有权性质有关，以往的合资型市场进入模式的选择经历对国有企业再次选择合资型市场进入模式的正向作用更加明显。这一结果表明中国企业寻求内部合法性的动机强度与企业所有权性质有关，说明了政府的支持和相对较小的市场竞争压力使得国有企业变革动力下降，倾向于采用具有内部合法性的决策。同时，也从侧面反映了国有企业的管理者具有较强的决策惯性思维，尤其容易受到政府思维的限制。相比于民营企业的管理者，国有企业的管理者的变革思维相对较弱。

第三，中国企业在进行市场进入模式选择时，对以往决策的依赖性与企业规模有关，以往的合资型市场进入模式的选择经历对大企业再次选择合资型市场进入模式的正向作用更加明显。这一结果表明中国企业寻求内部合法性的动机强度与企业的规模有关。规模较大的企业表现出更强的内部合法性寻求动机，这说明规模较大的企业由于对内部资源的依赖程度高、企业决策者的自主性相对较低以及受到更加稳定的科层制组织环境的影响，在决策时更加倾向于选择具有内部合法性的决策。

5 子研究三:基于内部同构视角的区位选择

5.1 引言

对外直接投资是企业实现可持续成长的一种重要的战略选择。在对外直接投资过程中,企业可以选择进入发展中国家或发达国家。与发达国家跨国企业相比,中国企业在所有权优势方面(如先进的技术和管理能力)还处于弱势地位。根据 Dunning (1980)的折中理论,中国企业应该先进入比自己发展水平更低的国家进行投资,积累了相应的资源和海外运营能力后,再向发达国家投资。以 Johanson 等(1977)为代表的瑞典 Uppsala 理论也持相似观点:相比于发达国家跨国企业,中国企业的对外直接投资尚处于起步阶段,在面对不同的海外市场时,应该先选择市场条件、文化背景与母国更加相似的发展中国家或地区进行投资,而不是一开始就向发达国家投资。然而,国际商务研究者却发现中国企业的对外直接投资并没有遵循上述理论的预测(Buckley et al. , 2007),投资区位的选择并没有表现出特定的偏好,区位分布没有集中在发展中国家。那么,引起研究者兴趣的一个问题是:为什么不具备所有权优势的中国企业会将资本投向发达国家?

现有研究主要基于效率寻求的逻辑来解释中国企业投资发达国家的动因。这些研究认为,中国企业之所以向发达国家投资,一方面是为了获取发达国家先进的技术和管理等战略性资源(Buckley et al. , 2007),另一方面是为了规避母国的制度缺陷,从而实现降低交易成本和进行制度套利的目的

(Witt et al.，2007；Wu et al.，2014)。近年来，关于新兴市场跨国企业投资发达国家的研究出现了另一类研究视角。这一研究视角可总结为合法性寻求视角，其核心观点是新兴市场跨国企业向发达国家投资是为了获取利益相关者的合法性。Yamakawa 等(2008)认为新兴市场跨国企业向发达国家投资是出于获取母国政府和市场利益相关者认可的目的。目前采用合法性视角分析新兴市场跨国企业向发达国家投资的动因的研究还存在以下缺口：第一，尚未出现基于大样本的实证性研究。第二，企业自身也是一个制度环境(Yiu et al.，2002)，企业在决策时，除了寻求外部合法性外，也寻求内部合法性。然而，在理论推导上，现有研究主要强调外部合法性的作用，忽视了对内部合法性作用的探讨。第三，企业面对的环境和企业自身的特征会对企业的合法性寻求动机产生影响，但这一点在以往研究中较少提到。也就是说，现有研究并没有充分探讨企业面对的环境因素和企业自身的特征对企业合法性寻求动机的调节作用。

为了弥补上述研究缺口，本研究从内部合法性视角来展开研究。首先，探讨以往到投资发达国家的经历对中国企业在下一次投资时的区位选择的影响。其次，引入母国和东道国之间的文化距离的影响。文化距离是影响中国企业区位选择的重要因素(Quer et al.，2012)。随着文化距离的增大，投资企业在东道国面临的风险和外来者劣势也会增大。在这种条件下，符合企业内部合法性的决策可能会给企业带来不利的影响。因此，文化距离可能会对内部合法性动机的寻求产生影响。在此基础上，本研究也引入了企业的所有权性质的影响。国有企业与民营企业在人事任命、企业决策、资源获取、受政策保护以及企业的政治面貌等方面存在较大的差异(杨洋等，2015)，这种差异会影响到企业寻求内部合法性的动机强度。因此，有必要在研究中考虑所有权性质的调节作用。图 5.1 展示了子研究三的研究模型。根据上述研究思路，本研究基于沪深两市 119 家上市企业在 2001—2012 年进行的 498 个对外直接投资项目的数据，对研究假设进行了实证检验，并得出了研究结论。

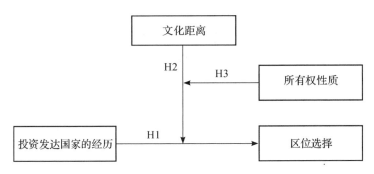

图 5.1 子研究三的研究模型

5.2 文献回顾

与发达国家跨国企业相比，中国企业在技术、品牌和管理能力方面处于竞争劣势。在当下高度竞争的全球环境中，当中国企业采取追赶战略，希望成为世界一流企业时，这种对战略资产的需求就产生了。中国企业作为后发者，迫切需要技术、品牌、营销专业知识和管理能力等无形资产。在这种情况下，对外直接投资成为中国企业快速获得战略资产的重要途径（李凝，2012）。而发达国家比发展中国家具有更加丰富的战略资产。特别是对欧洲和美国的投资或并购可以帮助中国企业获得需要的技术和品牌，从而能够帮助中国企业在较短时间内提高竞争力（Buckley et al.，2007）。Deng（2009）通过对中国企业跨国并购的案例研究发现，中国企业对战略资产的需求是其进行跨国并购的动因。例如，联想对 IBM 公司的个人电脑业务的收购，不仅帮助联想获得了世界级品牌、先进的技术、研发管理团队以及营销渠道，而且极大地提升了联想的差异化竞争力。

中国企业投资发达国家的动因除了获取战略资产以外，还有出于规避母国制度和市场的限制的目的（Luo et al.，2007）。像中国这样的新兴市场国家通常呈现出"制度缺失"（institutional voids）的特征，这些国家较为缺乏有效的知识产权保护政策。除此之外，这些国家的企业也面临市场制度上的限制，如不完善的要素市场、效率低下的市场中介服务（Khanna et al.，2006）。上述母国限制因素都是中国企业投资发达国家的动因。正如 Witt 等（2007）指出的那样，企业如果感知到它的需求和它所处的母国制度环境条件之间存在距离，它会采用对外直接投资作为规避母国限制的一种途径。发达国家通常具有更加高效、透明的制度环境，中国企业通过向这些国家投资，可以更加专注于知识基础的构建和竞争优势的提升（Deng，2009）。

获取战略资产的视角和规避母国制度限制的视角的基础都是效率寻求的逻辑。然而，企业在制定决策时除了考虑效率因素外，也会考虑决策的合法性。Yamakawa 等（2008）发表在 *Entrepreneurship Theory and Practice* 上的"What drives new ventures to internationalize from emerging to developed economies?"是采用这一视角分析新兴市场跨国企业向发达国家投资的一篇开创性文章。Yamakawa 等（2008）指出，新创企业投资发达国家有助于其获取母国的合法性。这是因为这些企业通过对发达国家的投资向关键的资源供应者（如母国政府、投资者和客户）释放出高可信度的信号，从而更容易得到这些关键利益相关者的支持。目前，采用这一视角分析新兴市场跨国企业向发达国家投资的一类研究尚处于理论逻辑的阐释阶段，还没有出现基于大规模数据样本的实证研究。此外，对于合法性机制的作用边界（调节变量的作用）也没有引起足够的重视。本研究围绕这些研究缺口展开研究。

5.3　假设提出

5.3.1　投资发达国家的经历对下一次区位选择的影响

根据制度理论，企业作为一种重要的组织形式，它自身也是一个制度环境（Yiu et al.，2002）。因此，企业的决策者在制定决策时倾向于选择那些被组织内部接受的具有内部合法性的决策。具有内部合法性的决策的产生主要有两种机制。一种是基于频率，一旦某种决策或行为被企业多次采用，这种决策或行为在企业内部就会被认为是"理所当然"的。当再次面对相似的决策情境时，企业的决策者倾向于选择这种被认为是"理所当然"的决策。这种机制也被称为"印迹"（imprinting）效应，指的是企业在内部环境中把某种决策现实或场景制度化的过程。在印迹效应的作用下，一旦某种决策或行为被多次采用，其他决策或行为被决策者采用的可能性就会大大降低（Lu，2002）。另一种是基于历史决策带来的效率性，当某一决策在组织历史上被采用并取得了良好的效果而被组织内部接受和认可时，这种决策也就获得了企业内部的合法性（Yiu et al.，2002）。

在中国企业进行区位选择的情境下，中国企业在发达国家的投资经历越丰富,再次投资发达国家的可能性越高。首先,当中国企业经历了多次投资发达国家的决策之后,由于印迹效应的作用,企业内部便建立起如何制定投资发达国家的决策路径(Lu,2002;Yiu et al.,2002;Swoboda et al.,2015)。由于受到这种决策路径的限制,企业的决策者和企业内部其他人员更易于接受投资发达国家的决策。

其次,投资发达国家的经历越丰富,企业便越能积累起在发达国家运营的知识。这种知识更容易在类似环境中被迁移应用,使企业在类似国家的投资获得成功的可能性更高(Padmanabhan et al.,1999)。因此,企业在多次投资发达国家的情况下,再次投资发达国家的决策也更容易得到企业内部的支持。

最后,中国企业投资发达国家是受到中国政府以及国内市场利益相关者鼓励的一项决策。对中国政府来说,投资发达国家可以带来先进的技术和管理方式,从而有利于中国追赶发达国家的发展水平。因此,投资发达国家的企业也更容易得到中国政府的支持。而对国内市场利益相关者来说,投资发达国家向市场释放了这些企业具有更强能力的信号,更容易得到市场投资者的投资和消费者的信赖,供应商也更愿意与这些企业保持长久合作。Yamakawa 等(2008)也认为投资发达国家的来自新兴市场的跨国企业能够得到母国政府以及市场利益相关者的认可。由于得到政府和市场利益相关者的支持能够为企业带来资源等好处,因此,投资发达国家的决策也能够更容易地被企业内部接受。而且,投资发达国家的经历越丰富,企业也越容易得到政府和市场利益相关者的支持。因此,再次投资时,企业内部也越倾向于支持企业投资发达国家。

综上所述,如果一家企业投资发达国家的经历越丰富,那么,它的决策者下一次选择投资区位时,出于寻求内部合法性的考虑,再次投资发达国家的可能性会越高。于是,本研究提出以下假设:

H1:中国企业以往投资发达国家的次数越多,下一次投资时再次投资发达国家的可能性会越高。

5.3.2 文化距离的调节作用

国家文化指的是一个国家的国民共有的价值体系,包括一组共有的价值观、规范和信仰(Hofstede,2001)。文化距离指的是东道国和母国在文化因素层面上的差异程度(Evans et al.,2002)。东道国和母国之间的文化距离是企业在参与对外直接投资过程中通常需要考虑的一个重要因素(Kogut et al.,1988;李阳等,2013;倪中新等,2014)。文化距离越大,企业在东道国面临的风险越高,投资失败的可能性也越大(Kostova et al.,2002)。

首先，研究表明，在与母国文化距离较大的东道国投资时，企业面临更大的不确定性（蒋冠宏等，2012）。不同文化的国家具有不同的社会期待，文化距离越大，社会期待的差异也越大。在文化距离大的东道国投资，企业难以判断其行为的合法性，原先在母国被认为具有合法性的行为可能在文化距离较大的东道国就不再具有合法性（Francis et al.，2009）。由于难以符合东道国的社会期待，投资企业在东道国面临的外来者劣势就更加明显。其次，随着文化距离的增大，东道国国民和母国国民的价值观和行为方式差异更加显著（Mezias et al.，2002）。企业在满足顾客需求、处理与供应商的关系或者管理员工方面的难度也将变大。再次，东道国和母国的文化距离较大时，企业的管理人员通常难以获得或者理解东道国的环境知识，导致对东道国环境信息的误解，从而增加信息处理的成本（Dow et al.，2006）。最后，企业为了在国际竞争中获胜，需要将在母国积累的隐性知识迁移到东道国，而这种隐性知识的复制需要相似的文化背景，否则东道国文化会成为一种阻碍因素，影响企业隐性知识的复制（Flores et al.，2007）。由于文化距离所带来的上述负面影响，企业在文化距离较大的国家投资时面临的风险将大大提高。

尽管随着投资发达国家次数的增加，中国企业再次选择投资发达国家的可能性也较高，但是，即便进入发达国家投资是具有内部合法性的决策，如果东道国与中国之间的文化距离较大，考虑到投资风险所带来的高失败率，决策者选择进入与母国文化距离较大的发达国家的可能性还是会降低（Huang et al.，2007）。相反，如果母国与东道国之间的文化距离较小，由于企业的很多做法不仅能够被复制到东道国，而且也能比较容易获得东道国的合法性，投资成功的可能性也更高。因此，到与母国文化距离较小的发达国家投资的决策也更容易得到企业内部的支持。

综上所述，随着母国与东道国之间文化距离的增大，企业面临的投资风险也会增大，这会降低企业寻求决策的内部合法性动机，从而降低企业到与母国文化距离较大的发达国家投资的可能性。于是，本研究提出如下假设：

H2：母国与东道国的文化距离越大，投资发达国家的经历对企业再次选择投资发达国家的正向影响将越弱。

5.3.3　所有权性质和文化距离的联合调节作用

尽管母国和东道国之间的文化距离会降低企业寻求决策内部合法性的动机，从而降低到与母国文化距离较大的发达国家投资的可能性，然而，不同所有制企业在应对文化距离所带来的风险时的反应是有差异的。

首先,国有企业作为特殊企业,与民营企业以利润最大化为唯一追求目标的特性有着显著的不同,其经营目标与绩效考核目标具有双重性。中国的国有企业在从事对外直接投资的过程中,除了寻求市场和寻求效率等与企业收益有关的目标以外,还要实现中国政府对其规定的战略要求(Cui et al.,2012)。中国作为后发国家,在技术和管理方面与发达国家还存在着较大的差距。为了在较短时间内追赶上发达国家,中国政府鼓励并支持中国企业尤其是国有企业向发达国家投资以获取先进的技术和管理方式(Buckley et al.,2007;Wang et al.,2012a)。在这种情况下,为了响应政府的号召,国有企业更有可能牺牲一部分效率目标从而实现政府赋予的战略要求。因此,相比于民营企业,文化距离所带来的风险对于国有企业在选择进入发达国家这一决策上的影响相对较弱。

其次,相比于民营企业,国有企业具有更高的风险承受度。一方面,国有企业可以得到政府的资源支持,当国有企业的资源和能力不足时,政府会对国有企业进行资源和能力补充,比如政府对国有企业实行的资源软约束(Pan et al.,2014)。另一方面,国有企业也更容易享受到政府的优惠性政策,比如在对外直接投资过程中,国有企业更容易获得贷款和税收方面的优惠性政策(Cui et al.,2012)。由于国有企业得到政府的支持,它们更有能力应对由文化距离带来的投资风险。因此,当母国和东道国的文化距离增大时,相比于民营企业,国有企业更有能力保持具有内部合法性的决策。反之,民营企业由于自负盈亏,当文化距离所带来的投资风险增大时,更容易随着外界条件的改变做出决策上的调整。在必要的情况下,更有可能放弃具有内部合法性的决策。

综上所述,相比于民营企业,国有企业在制定决策时受到文化距离的影响相对较小,也更有能力保持具有内部合法性的决策。于是,本研究提出如下假设:

H3:母国和东道国之间的文化距离不会减弱投资发达国家的经历对国有企业再次选择投资发达国家的正向影响。

5.4 研究方法

5.4.1 样本选择

子研究三主要探讨内部合法性寻求机制在中国企业进行区位选择过程

中的影响，并展开了实证研究。具体来讲，着重关注中国企业的发达国家投资经历对其下一次投资目的地选择的影响，以及这种内部合法性寻求动机的影响是否会因为母国和东道国之间的文化距离、企业自身的所有权性质的差异而发生变化。与子研究一和子研究二类似，子研究三仍旧以沪深两市的参与对外直接投资活动的 A 股上市公司为研究样本。样本的选择过程与子研究二类似，仍旧以《2013 年 2 季度上市公司行业分类结果表》和《境外投资企业（机构）名录》两份资料为基础确定投资企业的初始名单，然后再结合投资企业发布的年报和投资公告进一步确认上市公司境外投资活动的相关信息，比如本研究关注的投资目的地的相关信息。样本的选择过程具体可见子研究二。

在回归样本的选取过程中，我们采取了与子研究二类似的做法，对企业的投资初始年的项目进行了处理。本研究关注的是企业在发达国家的投资经历对下一次投资区位选择的影响，由于企业投资初始年的项目并没有受到以往投资经历（发达国家或发展中国家的投资经历）的影响，不符合本研究样本的要求，因此，本研究删除了企业投资初始年内的所有投资项目信息。最终参与分析的具有完整信息的境外投资活动为 498 项，这些项目由 119 家上市公司在 2001—2012 年完成。子研究三将样本期设定在 2001—2012 年的原因与子研究二一样。

5.4.2　样本描述

本研究将在以下部分对参与分析的 498 项境外投资项目的区位分布（发达国家或发展中国家）以及投资企业向投资发达国家的经历做简要描述。

根据联合国统计局（United Nations Statistical Office）的分类标准，发达经济体包括除智利、墨西哥、韩国和土耳其以外的加入经济合作与发展组织（OECD）的国家，以及新加入欧盟的非 OECD 国家中的保加利亚、塞浦路斯、拉脱维亚、马耳他、罗马尼亚，再加上安道尔共和国、百慕大群岛、列支敦士登、摩纳哥和圣马力诺（Pananond，2013）。

表 5.1 给出了 498 项投资项目的区位分布的基本情况。从投资区位的分布情况来看，投资发达国家的项目有 301 项，占总项目数的 60.4％。投资发展中国家的项目有 197 项，占总项目数的 39.6％。这说明 119 家样本企业在 2001—2012 年间在区位选择的过程中，倾向于投资发达国家。

表 5.1 498 项境外投资项目的区位分布情况

投资区位	项目数	占比/%
发达国家	301	60.4
发展中国家	197	39.6

表 5.2 给出了投资企业投资发达国家的经历分布情况。在做出下一次区位选择之前,没有发达国家投资经历的项目为 102 项,占 20.5%。而在做出下一次进入模式选择之前,有发达国家投资经历的项目为 396 项,占 79.5%。其中投资发达国家的经历最多高达 22 次。由于具有发达国家投资经历的项目数超过了 3/4,这在一定程度上说明了以往投资发达国家的经历可能是影响企业区位选择的一个重要因素。

表 5.2 投资发达国家的经历分布情况

投资发达国家的经历/次	项目数
0	102
1	133
2	79
3	49
4	29
5	16
6	10
7	26
8	17
10	6
11	1
12	10
14	6
15	1
16	7
19	1
20	4
22	1

5.4.3 变量测度和数据来源

5.4.3.1 因变量

本研究的因变量区位选择是一个二分虚拟变量,设定为发达国家或发展中国家。在参考 Pananond(2013)的研究基础上,根据联合国统计局的分类标准,如果投资企业的目的地属于发达国家,则对区位选择变量赋值为 1,如果投资目的地属于发展中国家,则对区位选择变量赋值为 0。因变量的数据来自上市公司年报和《境外投资企业(机构)名录》。

5.4.3.2 自变量

本研究的自变量是投资发达国家的经历。和子研究二类似,它反映的是企业内部合法性寻求动机的强度。在参考 Delios 等(2008)、Ang 等(2015)、Li 等(2015)的研究基础上,本研究对自变量的测度方式为投资项目发生之前投资企业在发达国家投资的次数。自变量的数据来自上市公司年报和《境外投资企业(机构)名录》。

5.4.3.3 调节变量

本研究的调节变量为母国和东道国之间的文化距离和企业的所有权性质。对文化距离的处理本研究参照了子研究二的做法。在参考 Kogut(1988)的研究基础上,仍旧采用 Hofstede 等(2001)的文化评价体系。同样地,由于子研究三关注的也是投资决策间的相互影响,投资企业如果有在类似或相同的东道国投资的经历,那么,这种投资经历会减弱文化距离带来的负面影响(Cho et al.,2005),如投资企业面临的外来者劣势。从这一层面上来讲,尽管在同一东道国投资,但是,有在此东道国投资经历的企业和没有在此东道国投资经历的企业受到的文化距离的影响是不一样的。因此,为了消除这种差异性,和子研究二类似,本研究也对文化距离的计算公式进行了调整,取当前投资发生的东道国和母国间的文化距离减去历次投资的东道国和母国间的文化距离之和的均值。

子研究三的另一个调节变量是所有权性质。由于本研究需要考察在文化距离的影响下,国有企业和民营企业在寻求内部合法性动机上的差异性,因此,和子研究二类似,子研究三也将所有权性质设定为二分虚拟变量(杨洋等,2015)。当国家所有权占比为 50% 或以上时,企业被认定为国有企业,企业的所有权性质赋值为 1;当国家所有权占比为小于 50% 时,企业被认定为民营企业,企业的所有权性质赋值为 0。企业所有权性质的数据来自国泰安数据库。

5.4.3.4　控制变量

为控制其他因素对企业投资区位选择的影响,本研究还设置了如下控制变量,包括与企业自身、母国和东道国特性相关的变量。首先,投资企业自身特性的变量主要有:企业规模、企业年龄和高管团队国际化经验的多样性。企业规模通常显示了企业的资源拥有量(Dowell et al.,2009)。一些学者认为规模大的企业由于积累了更多资源,因而能够承受更大的风险,从而影响其投资区位的选择(Lu et al.,2014)。与子研究一和子研究二类似,本研究取员工数的自然对数作为企业规模的代理变量。企业年龄在现有研究中被认为是影响企业制定国际化决策的组织因素(Huett et al.,2014),基于此,本研究也将企业年龄进行了控制。企业高管团队的特征也会影响企业的国际化决策(Liu et al.,2014),其中的一个影响因素是高管团队的国际化经验的多样性。高管团队国际化经验的多样性越丰富,越有利于企业在对外直接投资过程中克服外来者劣势,从而会对其区位选择产生影响。本研究采用高管团队成员学习或工作过的不同国家的个数来代理高管团队国际化经验的多样性。企业规模、企业年龄和高管团队国际化经验的多样性的基础数据均来自国泰安数据库。

其次,本研究还控制了与母国和东道国特征相关的变量。母国特征的变量有区域市场规模、出口、同行业企业的投资发达国家的经历和同区域企业的投资发达国家的经历。东道国因素主要控制了东道国的外资开放程度。母国的区域市场规模越大,企业在母国获利的可能性越高,从而会降低企业到发达国家寻求海外市场的动机。与子研究二类似,本研究采用投资企业所在省份的人均 GDP 来刻画区域市场规模,数据来自国泰安数据库。出口被认为是影响投资区位选择的一个重要因素(Ramasamy et al.,2012),对东道国出口越多表明对其依赖越大,企业到该东道国投资的可能性就越大。本研究采用投资项目发生前一年投资企业往该东道国出口的资金额来表示出口。企业的出口数据来自国泰安数据库。同行业或同区域企业的投资发达国家的经历也会影响企业的区位选择。一方面,投资企业可以从其他同行业或同区域企业的投资经历中获得相关信息(刘慧等,2015);另一方面,由于市场利益相关者和地方政府鼓励企业向发达国家投资,同行业或同区域企业会为竞争来自市场利益相关者和地方政府的合法性而投资发达国家。这两个变量的数据来自上市公司年报和《境外投资企业(机构)名录》。东道国的外资开放程度会对投资企业的区位选择产生直接影响(宗芳宇等，2012）。东道国外资开放程度越高，企业向该东道国投资的可能性就越大。因此，本研究也对东道国外资开放程度进行了控制。东道国外资开放程度用东道国吸收的外资总额与东道国的 GDP 之比来刻画，数据来自联合国贸易和发展会议数据库。

最后，本研究还将时间和行业效应引入模型，以控制企业投资时间和企业所属行业对回归结果的影响。本研究的变量、测量方式和数据来源如表 5.3 所示。

表 5.3 子研究三的变量、测量方式和数据来源

变量类型	变量名称	测量方式	数据来源
因变量	区位选择	发达国家为 1，发展中国家为 0	上市公司年报和《境外投资企业（机构）名录》
自变量	投资发达国家的经历	投资项目发生之前投资企业在发达国家投资的次数	
调节变量	文化距离	东道国和母国间的文化距离减去历次投资的东道国和母国间的文化距离之和的均值	Hofstede（2001）的文化价值评价体系
	所有权性质	国有企业为 1，民营企业为 0	国泰安数据库
控制变量	企业规模	企业员工数的自然对数	国泰安数据库
	企业年龄	投资企业成立的年数	
	高管团队国际化经验的多样性	高管团队成员学习或工作过的不同国家的个数	
	区域市场规模	投资企业所在省份的人均 GDP	
	出口	投资项目发生前一年投资企业往该东道国出口的资金额	
	同行业企业投资发达国家的经历	同行业企业投资发达国家的次数	上市公司年报和《境外投资企业（机构）名录》
	同区域企业投资发达国家的经历	同省份企业投资发达国家的次数	
	东道国的外资开放程度	东道国吸收的外资总额与东道国的 GDP 之比	联合国贸易和发展会议数据库
	时间	2008 年之前的年份取值为 0；2008 年（包括 2008）之后的年份取值为 1	《境外投资企业（机构）名录》及上市公司年报
	行业	制造业取值为 1，非制造业取值为 0	国泰安数据库

5.5　研究结果

5.5.1　描述性统计

　　子研究三涉及的主要研究变量的描述性统计参数见表 5.4。从变量之间的相关系数来看,投资发达国家的经历、文化距离、区域市场规模、出口、同行业企业投资发达国家的经历、同区域企业投资发达国家的经历与区位选择正相关,而所有权性质、企业规模、企业年龄、高管团队国际化经验的多样性、东道国的外资开放程度与区位选择负相关。其中,投资发达国家的经历与区位选择显著相关,相关系数为 0.123,而且,相关系数的方向与本研究的 H1 基本一致,初步说明本研究的 H1 有较强的合理性。

　　为检验变量间的多重共线性对回归结果的影响,本研究计算了各个解释变量的 VIF 值,见表 5.5。所有解释变量的 VIF 均值为 1.39,低于 3,并且单一变量的 VIF 值都低于临界值 10。因此,解释变量间并不存在严重的多重共线性问题。

表 5.4　子研究三的均值、标准差和相关系数

变量	均值	标准差	1	2	3	4	5	6	7	8	9	10	11	12
1 投资发达国家的经历	3.082	3.896	1.000											
2 文化距离	0.089	1.534	−0.016	1.000										
3 所有权性质	0.104	0.306	−0.130	−0.165	1.000									
4 企业规模	8.683	1.361	0.332	−0.121	0.137	1.000								
5 企业年龄	10.906	4.342	−0.100	−0.189	−0.186	0.090	1.000							
6 高管团队国际化经验的多样性	1.472	1.632	0.386	−0.016	0.026	0.309	−0.151	1.000						
7 区域市场规模	4.530	0.246	0.035	−0.015	−0.048	−0.221	0.150	−0.082	1.000					
8 出口	14.706	1.585	−0.017	0.066	−0.210	−0.205	0.163	−0.191	0.279	1.000				
9 同行业企业投资发达国家的经历	23.835	29.946	0.202	0.021	−0.141	−0.171	−0.041	0.074	0.341	0.125	1.000			
10 同区域企业投资发达国家的经历	18.255	18.742	0.079	0.010	−0.167	0.000	0.131	−0.070	0.604	0.180	0.404	1.000		
11 东道国的外资开放程度	4.553	7.158	−0.073	−0.028	0.078	−0.029	0.071	−0.044	−0.069	−0.251	−0.109	−0.105	1.000	
12 区位选择	0.604	0.489	0.123	0.290	−0.073	−0.098	−0.163	−0.066	0.088	0.356	0.107	0.039	−0.236	1.000

注：N＝498；绝对值≥0.074 的相关系数均在 0.05 的水平下是显著的。

表5.5 子研究三的多重共线性检验结果

变量	VIF	1/VIF
投资发达国家的经历	1.41	0.708
文化距离	1.10	0.912
所有权性质	1.24	0.806
企业规模	1.53	0.653
企业年龄	1.25	0.800
高管团队国际化经验的多样性	1.31	0.766
区域市场规模	1.87	0.535
出口	1.28	0.781
同行业企业投资发达国家的经历	1.37	0.732
同区域企业投资发达国家的经历	1.87	0.534
东道国的外资开放程度	1.11	0.901
VIF 均值	1.39	

5.5.2 回归结果

子研究三关注的是投资企业在发达国家的投资经历、文化距离和企业的所有权性质对中国企业在对外直接投资过程中的区位选择的影响。在所有的回归分析中,因变量都是投资企业的区位选择。由于本研究采用投资发达国家或发展中国家来刻画投资企业的区位选择,此时,因变量是一个二分变量。因此,在回归分析过程中,本研究根据因变量的特征,采用 Logit 模型对回归模型进行估计。Logit 模型的具体公式参见子研究二 4.5.2 回归结果部分。

由于本研究中存在由文化距离和投资发达国家的经历构造的交互项,与子研究一和子研究二类似,为了避免多重共线性问题,本研究对变量文化距离和投资发达国家的经历进行了中心化处理(Aiken et al., 1991)。本研究首先利用全样本检验了 H1 和 H2,检验结果见表 5.6。接着,根据企业的所有权性质,将样本划分为国有企业样本和民营企业样本,分别对这两个样本进行回归以检验企业所有权性质的三重调节作用,检验结果见表 5.7 和表5.8。

H1 预测中国企业以往在发达国家的投资经历与其再次投资时选择投

资发达国家正相关。在表5.6的模型1中，本研究放入了控制变量和调节变量进行回归。在模型2中，本研究在模型1的基础上加入了自变量投资发达国家的经历，发现它与因变量显著正相关($b=0.130$, $p<0.01$)，结果表明以往在发达国家的投资经历对再次选择投资发达国家具有正向促进作用。因此，H1得到了支持，即中国企业以往投资发达国家的次数越多，下一次投资时再次投资发达国家的可能性会越高。

　　H2预测了母国和东道国之间的文化距离对投资发达国家的经历和区位选择之间关系的负向调节作用。本研究在表5.6模型2的基础上加入了由文化距离和投资发达国家的经历构造的交互项，发现交互项与因变量显著负相关($b=-0.053$, $p<0.05$)。因此，H2得到了支持，即母国与东道国的文化距离越大，投资发达国家的经历对企业再次选择投资发达国家的正向影响将越弱。

　　本研究参照了宗芳宇等（2012）、Wu等（2015）、Xia等（2014）、任颋等（2015）研究的做法，采用分样本的方法来检验变量的调节作用。在H3中，本研究主要检验企业所有权性质的三重调节作用。以国有企业为样本进行回归分析得到了表5.7中的结果。在该表的模型2中，投资发达国家的经历与其再次投资时选择投资发达国家显著正相关($b=0.637$, $p<0.1$)。但是，在该表的模型3中，由文化距离和投资发达国家的经历构造的交互项的系数为负但不显著($b=-0.170$, $p>0.1$)。以民营企业为样本进行回归分析得到了表5.8中的结果。在该表的模型2中，投资发达国家的经历与其再次投资时选择投资发达国家显著正相关($b=0.136$, $p<0.01$)，而由文化距离和投资发达国家的经历构造的交互项与因变量显著负相关($b=-0.051$, $p<0.05$)。从表5.7和表5.8中的结果来看，尽管投资发达国家的经历对国有企业和民营企业再次选择投资发达国家具有正向促进作用，但是，文化距离对上述主效应的负向调节只在民营企业样本中起作用，而在国有企业样本中不起作用。因此，H3得到了支持，即母国和东道国之间的文化距离不会减弱投资发达国家的经历对国有企业再次选择投资发达国家的正向影响。本研究的假设结果汇总见表5.9。

表 5.6　文化距离的调节作用

变量名称	模型 1	模型 2	模型 3
企业规模	0.050 (0.092)	-0.082 (0.100)	-0.075 (0.101)
企业年龄	-0.105*** (0.029)	-0.092*** (0.029)	-0.098*** (0.029)
高管团队国际化经验的多样性	-0.066 (0.071)	-0.135* (0.075)	-0.134* (0.075)
区域市场规模	0.249 (0.614)	0.097 (0.618)	0.120 (0.626)
出口	0.526*** (0.087)	0.550*** (0.090)	0.556*** (0.090)
同行业企业投资发达国家的经历	0.005 (0.004)	0.002 (0.004)	0.002 (0.004)
同区域企业投资发达国家的经历	-0.011 (0.008)	-0.010 (0.008)	-0.010 (0.008)
东道国的外资开放程度	-0.053*** (0.017)	-0.052*** (0.018)	-0.054*** (0.018)
文化距离	0.397*** (0.077)	0.403*** (0.077)	0.384*** (0.079)
所有权性质	0.149 (0.380)	0.417 (0.389)	0.441 (0.394)
时间	控制	控制	控制
行业	控制	控制	控制
投资发达国家的经历		0.130*** (0.040)	0.130*** (0.040)
文化距离×投资发达国家的经历			-0.053** (0.023)
常数项	0.094 (0.419)	0.087 (0.422)	0.116 (0.425)
Log likelihood	-261.73***	-255.833***	-253.182***
LR Chi-square	143.09	154.97	160.27
Pseudo R-square	0.2146	0.2325	0.2404
样本数	498	498	498

注：（）内的数值为标准误；* $p<0.1$，** $p<0.05$，*** $p<0.01$。

表 5.7　所有权性质的三重调节作用（国有企业样本）

变量名称	模型 1	模型 2	模型 3
企业规模	0.396 (0.417)	0.616 (0.470)	0.716 (0.522)
企业年龄	0.008 (0.129)	-0.009(0.134)	-0.012(0.134)
高管团队国际化经验的多样性	-0.514** (0.249)	-0.615** (0.277)	-0.615** (0.282)
区域市场规模	-1.681 (2.083)	-1.369 (1.998)	-1.266 (2.038)
出口	0.107 (0.241)	0.065 (0.244)	0.099 (0.249)
同行业企业投资发达国家的经历	-0.006(0.023)	-0.004 (0.023)	0.002 (0.025)
同区域企业投资发达国家的经历	0.018(0.062)	0.009 (0.059)	-0.013 (0.073)
东道国的外资开放程度	-0.012(0.036)	-0.013(0.039)	-0.011 (0.037)
文化距离	0.535* (0.276)	0.491* (0.262)	0.473* (0.270)
时间	控制	控制	控制
行业	控制	控制	控制
投资发达国家的经历		0.637* (0.368)	0.752* (0.427)
文化距离×投资发达国家的经历			-0.170(0.283)
常数项	1.318(1.493)	-0.150(1.816)	-0.526 (1.973)
Log likelihood	-26.884*	-25.168**	-24.973*
LR Chi-square	18.32	21.75	22.14
Pseudo R-square	0.2541	0.3017	0.3071
样本数	52	52	52

注：（）内的数值为标准误；* $p < 0.1$，** $p < 0.05$，*** $p < 0.01$。

表 5.8　所有标性质的三重调节作用(民营企业样本)

变量名称	模型 1	模型 2	模型 3
企业规模	−0.068(0.104)	−0.222*(0.116)	−0.209*(0.117)
企业年龄	−0.104***(0.032)	−0.091***(0.033)	−0.096***(0.033)
高管团队国际化经验的多样性	−0.001(0.077)	−0.078(0.082)	−0.078(0.082)
区域市场规模	0.435(0.682)	0.316(0.688)	0.374(0.698)
出口	0.614***(0.099)	0.643***(0.103)	0.647***(0.103)
同行业企业投资发达国家的经历	0.002(0.005)	−0.002(0.005)	−0.001(0.005)
同区域企业投资发达国家的经历	−0.012(0.008)	−0.012(0.008)	−0.012(0.008)
东道国的外资开放程度	−0.073***(0.020)	−0.074***(0.020)	−0.077***(0.021)
文化距离	0.395***(0.086)	0.401***(0.086)	0.386***(0.088)
时间	控制	控制	控制
行业	控制	控制	控制
投资发达国家的经历		0.136***(0.042)	0.132***(0.041)
文化距离×投资发达国家的经历			−0.051**(0.024)
常数项	−0.022(0.458)	0.001(0.463)	0.050(0.468)
Log likelihood	−220.554***	−214.745***	−212.523***
LR Chi-square	150.58	162.40	166.84
Pseudo R-square	0.2544	0.2744	0.2819
样本数	446	446	446

注:()内的数值为标准误; $p<0.1$, ** $p<0.05$, *** $p<0.01$。

表 5.9　子研究三假设检验结果汇总

假设	假设内容	结果
H1	中国企业以往投资发达国家的次数越多，下一次投资时再次投资发达国家的可能性会越高。	支持
H2	母国与东道国的文化距离越大，投资发达国家的经历对企业再次选择投资发达国家的正向影响将越弱。	支持
H3	母国和东道国之间的文化距离不会减弱投资发达国家的经历对国有企业再次选择投资发达国家的正向影响。	支持

5.6　研究小结

与发达国家跨国企业相比，新兴市场跨国企业缺乏所有权优势，如先进的技术和管理优势。因此，新兴市场跨国企业对发达国家的投资被称为逆向对外直接投资。现有研究认为新兴市场跨国企业的逆向对外直接投资的发生与"战略缺口"有关。由于全球化的竞争环境要求新兴市场跨国企业取得的战略绩效目标与它们凭借自身能力所能达到的目标之间存在一个缺口，因此，为了获得战略资产以追赶世界一流企业，投资发达国家成为新兴市场跨国企业的一个重要的战略手段。上述理论逻辑也得到 Rabbiosi 等 (2012)实证研究结果的支持。然而，投资发达国家作为新兴市场跨国企业公司层面的战略行为，不仅是经济理性决策的结果，也可能是企业在制度压力下获取合法性的行为。尽管已有学者意识到合法性寻求机制在新兴市场跨国企业选择投资发达国家过程中的作用(Yamakawa et al.，2008；Deng，2009)，但是，目前这类研究还存在一些研究缺口：一方面缺乏基于大样本的实证研究；另一方面，现有研究将组织内部特征视为背景因素，忽视了对内部合法性寻求机制作用的探讨。因此，为了拓展此类研究以及弥补上述研究缺口，本研究基于内部合法性视角，以中国企业为研究对象，探讨影响中国企业投资发达国家的因素及其作用机制，以期为进一步理解中国企业的区位选择的决策方式提供理论支撑和实证依据。本研究首先探讨了发达国家的投资经历对中国企业下一次区位选择的影响。在此基础上，还探讨了上述影响是否会因母国和东道国之间的文化距离而发生变化，以及文化距离对内部合法性寻求机制的影响是否与企业的所有权性质有关等问题。带着上述疑问，本研究进行了实证研究并发现了以下结论：

第一，中国企业以往投资发达国家的次数越多，下一次投资时再次投资发达国家的可能性会越高。这一结果表明，与子研究二中的进入模式选择类似，中国企业在区位选择过程中，受到内部合法性机制的影响，说明驱动中国企业投资发达国家的因素除了寻求战略资产和良好的制度环境外，还有寻求决策的内部合法性的动机。即使是追求效益最大化的企业，也不能避免受到社会性因素的影响。

第二，母国与东道国的文化距离越大，投资发达国家的经历对中国企业再次选择投资发达国家的正向影响将越弱。这一结果表明内部合法性机制在中国企业区位选择过程中发挥的作用并非是一成不变的，它的作用大小受到母国和东道国之间的文化距离的影响。母国和东道国之间的文化距离越大，中国企业在投资过程中面临的外来者劣势和投资风险也越大，在这种情况下，企业更有可能突破对以往决策经历的依赖，从而寻求与外部环境相适宜的决策。这也说明外部风险会减弱内部合法性机制对企业决策者的影响。

第三，母国和东道国之间的文化距离不会减弱投资发达国家的经历对国有企业再次选择投资发达国家的正向影响。这一结果说明尽管母国和东道国之间的文化距离对内部合法性机制在中国企业的区位选择过程中发挥了调节作用，但这一调节作用因企业的所有权性质而异。具体来讲，如果其他条件相同，国有企业由于与政府之间存在天然的纽带关系，能够得到政府更多的支持，相比于民营企业，具有更强的抵御外部风险的能力，在外部投资风险增大时，更有能力和意愿维持具有内部合法性的决策。这也表明了国有企业比民营企业受到以往决策经历的影响更大。

6 讨论和展望

本书围绕中国企业对外直接投资驱动力、进入模式选择和区位选择三大主题展开研究,主要研究内容包括三个部分:(1)外部同构压力与中国企业对外直接投资的驱动力;(2)基于内部同构视角的进入模式选择;(3)基于内部同构视角的区位选择。本章将围绕上述研究内容,在简要陈述本书的研究结论的基础上,总结本书的理论贡献和实践启示,并客观分析本书存在的研究局限,同时对未来的研究工作进行展望。

6.1 研究结论

本书从中国企业对外直接投资的现象出发,基于制度同构理论,探讨了外部合法性和内部合法性机制对中国企业对外直接投资驱动力、进入模式选择、区位选择的影响,实证分析并解答了以下研究问题:(1)区域同构压力和行业同构压力如何驱动中国企业进行对外直接投资?所有权性质和企业规模分别如何影响中国企业对区域同构压力与行业同构压力的响应?(2)以往的合资型进入模式经历会对中国企业下一次投资的进入模式选择产生什么样的影响?上述影响是否会因为企业的所有权性质和企业规模的差异而发生改变?(3)以往投资发达国家的经历会对中国企业再次投资时的区位选择产生什么样的影响?上述影响是否与母国和东道国之间的文化距离有关?在考虑文化距离影响的情况下,不同所有权性质的企业在回应内部同构压力的影响时是否会表现出差异?针对上述研究问题,本书得到了如

下主要结论:

第一,中国企业受到来自同区域伙伴和同行业伙伴的同构压力时,其从事对外直接投资的倾向性会提高。并且,国有企业会更加积极地回应来自同区域伙伴的压力,而大企业则会更加积极地回应来自同行业伙伴的压力。

第二,中国企业如果在以往投资过程中采用合资型进入模式的次数越多,那么,再次投资时选择合资型进入模式的可能性就越高。并且,国有企业和大企业受上述内部同构效应的影响更加明显。

第三,中国企业以往在发达国家的投资次数越多,那么,再次投资时选择投资发达国家的可能性就越高。总体而言,上述影响会因母国和东道国之间文化距离的增大而减弱。但是,文化距离并不会改变国有企业继续投资发达国家的趋势。

6.2 理论贡献

第一,通过引入合法性机制丰富和拓展了分析中国企业对外直接投资的理论视角。并且,通过综合运用外部合法性机制和内部合法性机制进一步深化了对不同合法性机制在中国企业对外直接投资过程中的作用的认识。

在研究分析中引入了合法性机制。已有关于中国企业对外直接投资的研究主要基于效率机制展开讨论,认为中国企业的对外直接投资决策("做不做""如何做""去哪里做")主要出于经济效率的考量。例如:中国企业从事对外直接投资是为了规避母国的制度缺陷,从而降低交易成本(Luo et al.,2007);中国企业采用合资型进入模式是为了从合作伙伴那里获取关于东道国的相关信息,从而降低外来者劣势(Cui et al.,2012);中国企业到发达国家投资的目的是获取战略资产,以提升企业的竞争力(李凝,2012)。尽管这些研究有助于我们理解效率机制对中国企业对外直接投资的作用,然而,企业处于社会环境中,也受到社会因素的影响(Meyer et al.,1977)。因此,将合法性机制引入研究分析中,有助于更加全面地认识中国企业对外直接投资背后的逻辑,也为探究中国对外直接投资现象提供了新的研究思路,同时拓展了制度理论的应用范围。

综合运用了外部合法性机制和内部合法性机制。目前,很少有研究从合法性机制的角度来分析中国企业对外直接投资现象,而综合运用外部合法性机制和内部合法性机制的研究更少。事实是企业除了受到外部社会环境的制度压力以外，在企业内部同样存在相对隐性的会对企业行为决策产生影响的制度因素。正如赵孟营（2005）指出的，需要将合法性区分为内部合法性和外部合法性。鉴于此，本书将外部合法性机制和内部合法性机制引入中国企业对外直接投资的研究中，从外部合法性的视角分析了驱动中国企业对外直接投资的影响因素，从内部合法性的视角探讨了影响中国企业进入模式选择和区位选择的因素。在理论分析的基础上，进一步搜集数据，对理论模型进行了实证检验，结果显示本书提出的理论模型得到了实证数据的支持。因此，本书不仅填补了以往关于中国企业对外直接投资研究对合法性机制关注不够的空白，而且进一步深化了对不同合法性机制在中国企业对外直接投资过程中的作用的认识。

第二，把时序依存性与竞争依存性纳入中国企业对外直接投资序贯选择的研究，拓展了对外直接投资研究的动态性视角。在现有关于中国企业对外直接投资的研究中，绝大多数研究主要采用静态分析的方法，将企业的每一次投资当成一种互不相关的独立行为（刘慧等，2015）。然而，企业的投资通常呈现序贯特征，这种跨期相关性的决策是传统静态分析方法难以解释的。尤其是随着中国企业对外直接投资次数的增加，这种决策间相互依赖的特征越加明显。国内学者刘慧等（2015）已经注意到这一现象，并通过实证研究发现中国企业在区位选择上表现出"路径依赖"的特征，也就是说随着在某市场投资次数的增加，企业会显著增加其再次投资该市场的概率。在参考刘慧等（2015）的研究基础上，本书不仅将这种动态分析引入中国企业对外直接投资区位选择的研究中，而且也将这一思路引入中国企业对外直接投资驱动力和进入模式选择的研究中。除此之外，本书不仅考虑到企业自身投资决策间的相关性特征，而且也考虑到了不同企业间投资决策的相互依赖性（interdependence）特征（Chan et al.，2006），特别是同行业企业与同区域企业对企业自身对外直接投资决策的影响。因此，本书从动态分析的角度，不仅拓展了研究思路，而且丰富了关于中国企业对外直接投资的影响因素的研究。

第三，通过探讨在制度同构视角下所有权性质和企业规模对企业对外直接投资产生的影响，进一步拓展了制度理论在国际商务研究领域的应用。制度理论被广泛应用于国际商务研究领域，以探讨环境因素对企业战略决策的影响（Cui et al.，2012）。其中的一个主要理论观点认为：为了获取合法性，企业通常采用同构战略来缓解外部环境或组织内部环境施加的制度压力（Yiu et al.，2002；Yang，2009）。尽管制度压力对企业采用同构战略具有重要影响,并且得到了众多实证研究的支持(Chan et al.,2006;Chan et al.,2007),然而,现有研究很少考虑到企业在回应制度压力时的异质性特征。鉴于此,本书在子研究一、子研究二和子研究三中均考虑了企业的特征因素。在子研究一中探讨了驱动中国企业对外直接投资的影响因素,不仅考虑了制度同构压力的影响,而且将企业的合法性寻求动机纳入研究中。子研究二的研究结果也发现不同所有权性质和不同规模的企业在回应组织内部同构压力(或寻求内部合法性动机)方面也存在差异,从而在进入模式选择时表现出不一样的同构水平。子研究三则表明当文化距离发生变化时,国有企业更愿意遵从到发达国家投资的决策惯例。三个子研究表明企业的特征差异是企业在回应同构压力时表现出不一样的同构水平的重要原因。因此,本书不仅将制度理论的应用拓展到中国企业对外直接投资的情境中,更重要的是,推动了制度理论从"从上至下"的单向作用模式向企业和制度环境间更为"互动"的作用模式转变(Cui et al.,2012)。

第四,深化了对大型新兴经济体跨国企业对外直接投资独特性的认识。一方面,与发达经济体或小型新兴经济体相比,像中国这样的大型新兴经济体在区域多样性和行业多样性方面的特征更为明显。然而,现有研究很少考虑到这种差异。本书通过理论演绎和实证检验发现,不同区域的同构压力和不同行业的同构压力是存在差异的,并且这种差异会影响中国企业对外直接投资的倾向性。另一方面,正如 Morck 等(2008)指出的,国有企业和大企业是参与中国对外直接投资的主力军。然而,探讨国有企业或大企业的投资动机的研究还比较少。鉴于此,本书探讨了不同所有权性质和不同规模的企业在外部合法性寻求动机和内部合法性寻求动机方面的差异,研究发现国有企业和大企业具有更强的外部合法性寻求动机和内部合法性寻求动机,更加容易受到周围其他企业和企业自身的以往国际化决策的影响。因此,本书不仅有助于我们深化对大型新兴经济体存在的区域差异性和行业差异性的认识,而且有助于我们进一步认识国有企业和大企业的对外直接投资行为。

6.3　实践启示

本书的研究结论对政府制定和实行鼓励企业进行对外直接投资的相关政策具有重要的启示意义。

第一,中国政府要理性对待中国企业的对外直接投资行为,以降低企业"跟风"投资行为可能存在的负面影响。本书发现中国企业的对外直接投资受到合法性寻求动机的影响。在受到来自区域伙伴和行业伙伴的压力时,为了获得或维持来自政府和市场利益相关者的合法性,企业会表现出同构倾向,从而有可能出现"跟风"投资的情况。鉴于此,作为拥有投资项目审批权的政府机构需要认真鉴定投资企业的实力,尽可能排除"跟风"投资行为。除此之外,考虑到有的企业为了迎合市场利益相关者的偏好,出于营造市场轰动效应的目的而投资一些高风险项目的情况,政府要提高自身项目风险评估的能力,拒绝审批此类高风险投资项目。另外,有研究表明政府的鼓励和支持,如提供金融资源和东道国信息等有利于中国企业降低外来者劣势,从而促进中国企业进行对外直接投资(Wang et al.,2012b)。中国政府尽管在中国企业对外直接投资过程中发挥了上述积极作用,然而,在支持和鼓励企业投资时也需要把握"适量"原则。如果过度拔高对外直接投资行为的重要性,一些尚不具备投资实力的企业有可能出于迎合政府的目的而进行对外直接投资活动。这些投资活动不仅失败率高,而且会挤占政府的资源,有可能使得那些具有投资实力的企业无法得到政府的支持。

第二,中国政府需要重新审视国有企业在"走出去"战略实施过程中的作用。资源的持续稳定供应是确保中国经济高速发展的基础条件。除此之外,中国经济正经历着结构的转型,迫切需要先进的技术和管理能力。于是,对外直接投资成了实现上述两个目标的战略选择。国有企业作为实现国家战略目标的工具,在"走出去"战略实施过程中,理所当然地担负着获取资源、技术和管理能力的任务。中国政府通过政策和资源倾斜的方式给予这些企业大力的支持。然而,在现实中,我们也时常听到国有企业对外直接投资失败的消息,比如中铝收购力拓的失败。失败的原因可能与本书的研究发现有关,即相比于民营企业,国有企业具有更强的从众动机。在这种动机的驱动下,即使不具备投资能力的国有企业也可能从事对外直接投资行为,因此,失败的可能性也更高,最终可能并没有实现获取资源、技术和管理能力的目标。鉴于此,中国政府也要认识到国有企业在对外直接投资过程中的局限性。

除了上述对政府的启示意义外,本书的研究结论对投资企业也具有重要的管理意义。

第一,企业决策者在对外直接投资决策过程中需要考虑到具有内部合法性的决策是否能够适应新的投资环境。本书发现中国企业采用合资型市场进入模式的次数越多,下一次投资时再次采用合资型市场进入模式的可能性也越高。同样地,以往在发达国家投资的次数越多,再次投资发达国家的可能性也越高。这一结论对企业管理者来说具有重要的启示。即便在决策情境具有高度不确定性的情况下,企业在进入模式选择或区位选择时仍然可能表现出"决策惰性",对以往决策存在依赖。尽管采用具有内部合法性的决策可以获得组织内部其他成员的认可,但是,在决策过程中也要考虑到这些决策在新投资环境中的适用性。在具有高度不确定性的投资环境中,投资企业可以参照其他企业在类似情境下的做法,进而提高决策的准确性。

第二,国有企业可以通过引入具有更强市场思维的管理人员来降低对以往决策的依赖性。相比于民营企业,国有企业寻求内部合法性的动机更加强烈。这种情况一方面与国有企业所处的竞争环境有关,由于受到政府的支持和保护,国有企业面临的竞争程度相对较低,变革的动力相对不足,更加依赖以往的决策方式;另一方面,国有企业的决策者的专业水平相对较弱,往往受"政府逻辑"的限制(蓝海林等,2007),遵循组织惯例的动机更加明显,试图通过相对保守的决策方式来减弱决策失败给自身带来的负面影响。然而,在对外直接投资过程中,具有内部合法性的决策不一定能够获得东道国政府或其他外部合法性主体的认可。为了提高决策的灵活性和科学性,对国有企业来说,引入具有市场思维的外部管理人员,是降低对以往决策经历依赖的可供考虑的选择,从而可以提高企业决策的成功率。

6.4 研究局限及展望

本书基于制度同构视角,将外部合法性机制和内部合法性机制引入对中国企业对外直接投资驱动力、进入模式选择和区位选择的分析中。本书的研究结论对中国企业对外直接投资研究具有理论意义,对政府政策制定和企业决策选择具有实践意义。但是,本书还存在一些不足和有待未来研究进一步拓展的地方。

第一,样本方面的局限及未来研究可拓展的地方。鉴于高质量数据可得性的原因,本书仅选取了沪深两市的上市企业为研究样本。从样本的分类角度来看,参与对外直接投资的企业可以是上市企业,也可以是非上市企业。因此,本书的样本并未覆盖所有类型的中国企业。尽管目前选用上市企业作为研究样本来分析中国企业在对外直接投资过程中的序贯选择是合适的，原因在于：一方面，搜集非上市企业的数据比较困难。非上市企业由于不需要按照国家相关部门的要求披露相关信息，因此研究者难以获取研究所需的数据。另一方面，中国的上市企业通常比非上市企业具有更强的能力和更加充裕的资源(Morck et al. ,2008)，这使得上市企业在中国对外直接投资的起步阶段成了投资的主力军，而参与投资的非上市企业还相对较少。但是，随着中国对外直接投资的进一步发展，非上市企业也逐步参与到对外直接投资中，并且中国企业的对外直接投资的数据库也会得到进一步完善，因此，未来的研究在条件允许的情况下，可以将参与对外直接投资活动的非上市的中国企业纳入研究中，并且可以尝试比较上市企业和非上市企业在投资驱动力、进入模式选择和区位选择等方面的差异。

第二，研究内容方面还可以进一步拓展。本书利用外部合法性机制来分析中国企业对外直接投资的驱动力，利用内部合法性机制来分析中国企业对外直接投资的进入模式选择和区位选择。然而，无论是投资驱动力，还是进入模式选择或者区位选择，都可能同时受到内外部合法性机制的作用。因此，未来研究可以尝试将外部合法性机制纳入中国企业进入模式选择和区位选择的研究中，也可以尝试利用内部合法性机制来分析中国企业对外直接投资的驱动力。

参考文献

鲍威尔,迪马吉奥,2008.组织分析的新制度主义.上海:上海人民出版社.

陈岩,杨桓,张斌,2012.中国对外直接投资动因、制度调节与地区差异.管理科学(3):112-120.

樊纲,王小鲁,朱恒鹏,2011.中国市场化指数:各地区市场化相对进程2011年报告.北京:经济科学出版社.

蒋冠宏,蒋殿春,2012.中国对发展中国家的投资:东道国制度重要吗?管理世界(11):45-56.

蓝海林,等,2007.转型中的中国企业战略行为研究.广州:华南理工大学出版社.

李路路,朱斌,2014.家族涉入、企业规模与民营企业的绩效.社会学研究(2):1-21.

李凝,2012.转型时期中国企业对外直接投资研究.北京:中央编译出版社.

李凝,胡日东,2011.转型期中国对外直接投资地域分布特征解析:基于制度的视角.经济地理(6):910-914.

李阳,臧新,薛漫天,2013.经济资源、文化制度与对外直接投资的区位选择:基于江苏省面板数据的实证研究.国际贸易问题(4):148-157.

林治洪,陈岩,秦学志,2012.中国对外直接投资决定因素:基于整合资源观与制度视角的实证分析.管理世界(8):165-166.

刘慧,綦建红,2015.异质性OFDI企业序贯投资存在区位选择的"路径依赖"吗？国际贸易问题(8):123-134.

刘阳春,2008.中国企业对外直接投资动因理论与实证研究.中山大学学报(社会科学版),48(3):177-184.

倪中新,花静云,武凯文,2014.我国企业的"走出去"战略成功吗?：中国企业跨国并购绩效的测度及其影响因素的实证研究.国际贸易问题(8):156-166.

綦建红,杨丽,2012.中国OFDI的区位决定因素：基于地理距离与文化距离的检验.经济地理,32(12):40-46.

綦建红,杨丽,2014.文化距离与我国企业OFDI的进入模式选择：基于大型企业的微观数据检验.世界经济研究(6):55-61.

任颋,茹璟,尹潇霖,2015.所有制性质、制度环境与企业跨区域市场进入战略选择.南开管理评论,18(2):51-63.

斯科特,2010.制度与组织:思想观念与物质利益.北京:中国人民大学出版社.

王益民,宋琰纹,2002.服务业企业海外市场进入模式选择的理论分析.国际贸易问题(12):44-48.

吴晓波,丁婉玲,高钰,2010.企业能力、竞争强度与对外直接投资动机:基于重庆摩托车企业的多案例研究.南开管理评论,13(6):68-76.

阎大颖,2009.国际经验、文化距离与中国企业海外并购的经营绩效.经济评论(1):83-92.

阎大颖,洪俊杰,任兵,2009.中国企业对外直接投资的决定因素:基于制度视角的经验分析.南开管理评论,12(6):135-142.

杨东宁,周长辉,2005.企业自愿采用标准化环境管理体系的驱动力:理论框架及实证分析.管理世界(2):85-95.

杨洋,魏江,罗来军,2015.谁在利用政府补贴进行创新?：所有制和要素市场扭曲的联合调节效应.管理世界(1):75-86.

姚晶晶,鞠冬,张建君,2015.企业是否会近墨者黑:企业规模、政府重要性与企业政治行为.管理世界(7):98-108.

岳中志,付竹,袁泽波,2011.中国企业OFDI进入模式的选择研究：基于交易成本理论的实证检验.财经论丛(6):21-26.

张永宏,2007.组织社会学的新制度主义学派.上海:上海人民出版社.

张玉明,神克会,2015.制度环境、国际经验对企业对外直接投资进入模式选择的影响：基于A股上市制造业企业数据的分析.经济研究参考(22):

71-77.

赵孟营,2005.组织合法性:在组织理性与事实的社会组织之间.北京师范大学学报(社会科学版)(2):119-125.

周雪光,2003.组织社会学十讲.北京:社会科学文献出版社.

周长辉,张一弛,俞达,2005.中国企业对外直接投资驱动力与进入模式研究的理论探索:一个整合性框架.南大商学评论(4):149-162.

宗芳宇,路江涌,武常岐,2012.双边投资协定、制度环境和企业对外直接投资区位选择.经济研究(5):71-82.

Abel R L, 1979. The rise of professionalism. British Journal of Law and Society, 6(1): 82-98.

Abrahamson E, Rosenkopf L, 1993. Institutional and competitive bandwagons: using mathematical modeling as a tool to explore innovation diffusion. Academy of Management Review, 18(3): 487-517.

Agle B R, Mitchell R K, Sonnenfeld J A, 1999. Who matters to CEOs? An investigation of stakeholder attributes and salience, corpate performance, and CEO values. Academy of Management Journal, 42(5): 507-525.

Aiken L S, West S G, Reno R R, 1991. Multiple regression: testing and interpreting interactions. California: Sage Publications, Inc.

Ang S H, Benischke M H, Doh J P, 2015. The interactions of institutions on foreign market entry mode. Strategic Management Journal, 36(10): 1536-1553.

Autio E, 2005. Creative tension: the significance of Ben Oviatt's and Patricia McDougall's article "Toward a theory of international new ventures". Journal of International Business Studies, 36(1): 9-19.

Barney J, 1991. Firm resources and sustained competitive advantage. Journal of Management, 17(1): 99-120.

Baron J N, Dobbin F R, Jennings P D, 1986. War and peace: the evolution of modern personnel administration in US industry. American Journal of Sociology, 92(2): 350-383.

Basdeo D K, Smith K G, Grimm C M, et al. , 2006. The impact of market actions on firm reputation. Strategic Management Journal, 27(12): 1205-1219.

Baysinger B D, Kosnik R D, Turk T A, 1991. Effects of board and ownership structure on corporate R&D strategy. Academy of Management

Journal，34(1)：205-214.

Besharov M L，Smith W K，2014. Multiple institutional logics in organizations：explaining their varied nature and implications. Academy of Management Review，39(3)：364-381.

Blomkvist K，Drogendijk R，2013. The impact of psychic distance on Chinese outward foreign direct investments. Management International Review，53(5)：659-686.

Brammer S，Pavelin S，2004. Building a good reputation. European Management Journal，22(6) 704-713.

Brouthers K D，Brouthers L E，2003. Why service and manufacturing entry mode choices differ：the influence of transaction cost factors，risk and trust. Journal of Management Studies，40(5)：1179-1204.

Buckley P J，Casson M，1976. The future of the multinational enterprise. London：Macmillan.

Buckley P J，Clegg L J，Cross A R，et al.，2007. The determinants of Chinese outward foreign direct investment. Journal of International Business Studies，38(4)：499-518.

Campbell J L，Lindberg L N，1990. Property rights and the organization of economic activity by the state. American Sociological Review，55 (5)：634-647.

Carroll G R，Hannan M T，1989. Density dependence in the evolution of populations of newspaper organizations. American Sociological Review，54(4)：524-541.

Chan C M，Makino S，2007. Legitimacy and multi-level institutional environments：implications for foreign subsidiary ownership structure. Journal of International Business Studies，38(4)：621-638.

Chan C M，Isobe T，Makino S，2008. Which country matters? Institutional development and foreign affiliate performance. Strategic Management Journal，29(11)：1179-1205.

Chan C M，Makino S，Isobe T，2006. Interdependent behavior in foreign direct investment：the multi-level effects of prior entry and prior exit on foreign market entry. Journal of International Business Studies，37(5)：642-665.

Chang S J, Chung J, Moon J J, 2013. When do wholly owned subsidiaries perform better than joint ventures? Strategic Management Journal, 34(3): 317-337.

Chen S, Tan H, 2012. Region effects in the internationalization-performance relationship in Chinese firms. Journal of World Business, 47 (1): 73-80.

Chen Y Y, Young M N, 2010. Cross-border mergers and acquisitions by Chinese listed companies: a principal-principal perspective. Asia Pacific Journal of Management, 27(3): 523-539.

Child J, Rodrigues S B, 2005. The internationalization of Chinese firms: a case for theoretical extension? Management and Organization Review, 1(3): 381-410.

Cho K R, Padmanabhan P, 2005. Revisiting the role of cultural distance in MNC's foreign ownership mode choice: the moderating effect of experience attributes. International Business Review, 14(3): 307-324.

Coser L A, 1984. The publishing industry as a hybrid. The Library Quarterly, 54(1): 5-12.

Cuervo-Cazurra A, Genc M, 2008. Transforming disadvantages into advantages: developing-country MNEs in the least developed countries. Journal of International Business Studies, 39(6): 957-979.

Cuervo A, Villalonga B, 2000. Explaining the variance in the performance effects of privatization. Academy of Management Review, 25(3): 581-590.

Cui L, Jiang F M, 2009a. Ownership decisions in Chinese outward FDI: an integrated conceptual framework and research agenda. Asian Business and Management, 8(3): 301-324.

Cui L, Jiang F M, 2009b. FDI entry mode choice of Chinese firms: a strategic behavior perspective. Journal of World Business, 44(4): 434-444.

Cui L, Jiang F M, 2012. State ownership effect on firms' FDI ownership decisions under institutional pressure: a study of Chinese outward-investing firms. Journal of International Business Studies, 43(3): 264-284.

Cui L, Meyer K E, Hu H W, 2014. What drives firms' intent to seek strategic assets by foreign direct investment? A study of emerging economy firms. Journal of World Business, 49(4): 488-501.

Dacin M T, Oliver C, Roy J P, 2007. The legitimacy of strategic alliances: an institutional perspective. Strategic Management Journal, 28(2): 169-187.

Dean T J, Brown R L, Bamford C E, 1998. Differences in large and small firm responses to environmental context: strategic implications from a comparative analysis of business formations. Strategic Management Journal, 19(8): 709-728.

Deephouse D L, 1996. Does isomorphism legitimate? Academy of Management Journal, 39(4): 1024-1039.

Delios A, Beamish P W, 1999. Ownership strategy of Japanese firms: transactional, institutional, and experience influences. Strategic Management Journal, 20(10): 915-933.

Delios A, Gaur A S, Makino S, 2008. The timing of international expansion: information, rivalry and imitation among Japanese firms, 1980-2002. Journal of Management Studies, 45(1): 169-195.

Demirbag M, Tatoglu E, Glaister K W, 2009. Equity-based entry modes of emerging country multinationals: lessons from Turkey. Journal of World Business, 44(4): 445-462.

Deng P, 2009. Why do Chinese firms tend to acquire strategic assets in international expansion? Journal of World Business, 44(1): 74-84.

Deng P, 2013. Chinese outward direct investment research: theoretical integration and recommendations. Management and Organization Review, 9(3): 513-539.

Deng P, Yang M, 2015. Cross-border mergers and acquisitions by emerging market firms: a comparative investigation. International Business Review, 24(1): 157-172.

Dess G G, Beard D W, 1984. Dimensions of organizational task environments. Administrative Science Quarterly, 29(1): 52-73.

DiMaggio P J, 1988. Interest and agency in institutional theory//Zucker L G. Research on institutional patterns: environment and culture. Cambridge: Ballinger Publishing Corporation.

DiMaggio P J, Powell W W, 1983. The iron cage revisited: institutional isomorphism and collective rationality in organizational fields. American Sociological Review, 48(2): 147-160.

Dow D, Karunaratna A, 2006. Developing a multidimensional instrument to measure psychic distance stimuli. Journal of International Business Studies, 37(5): 578-602.

Dowell G, Killaly B, 2009. Effect of resource variation and firm experience on market entry decisions: evidence from U. S. telecommunication firms' international expansion decisions. Organization Science, 20(1): 69-84.

Duanmu J L, 2012. Firm heterogeneity and location choice of Chinese multinational enterprises (MNEs). Journal of World Business, 47 (1): 64-72.

Dunning J H, 1977. Trade, location of economic activity and the MNE: a search for an eclectic approach//Ohlin B. The international allocation of economic activity. London: Holms and Meier.

Dunning J H, 1980. Toward an eclectic theory of international production. The International Executive, 22(3): 1-3.

Dunning J H, 1995. Reappraising the eclectic paradigm in an age of alliance capitalism. Journal of International Business Studies, 26 (3): 461-491.

Dunning J H, 1998. Location and the multinational enterprise: a neglected factor? Journal of International Business Studies, 29(1): 45-66.

Dunning J H, Lundan S M, 2008a. Multinational enterprises and the global economy. Cheltenham: Edward Elgar Publishing Limited.

Dunning J H, Lundan S M, 2008b. Institutions and the OLI paradigm of the multinational enterprise. Asia Pacific Journal of Management, 25 (4): 573-593.

Duysters G, Jacob J, Lemmens C, et al. , 2009. Internationalization and technological catching up of emerging multinationals: a comparative case study of China's Haier group. Industrial and Corporate Change, 18 (2): 325-349.

Edelman L B, 1990. Legal environments and organizational governance: the expansion of due process in the American workplace. American

Journal of Sociology, 95(6): 1401-1440.

Evans J, Mavondo F T, 2002. Psychic distance and organizational performance: an empirical examination of international retailing operations. Journal of International Business Studies, 33(3): 515-532.

Fligstein N, McAdam D, 2012. A political-cultural approach to the problem of strategic action//Courpasson D, Golsorkhi D, Sallaz J J. Rethinking power in organizations, institutions, and markets. Bingley: Emerald Group Publishing Limited.

Flores R G, Aguilera V A, 2007. Globalization and location choice: an analysis of US multinational firms in 1980 and 2000. Journal of International Business Studies, 38(7): 1187-1210.

Francis J, Zheng C C, Mukherji A, 2009. An institutional perspective on foreign direct investment. Management International Review, 49(5): 565-583.

Freeman R E, 2010. Strategic management: a stakeholder approach. New York: Cambridge University Press.

Frynas J G, Mellahi K, Pigman G A, 2006. First mover advantages in international business and firm-specific political resources. Strategic Management Journal, 27(4): 321-345.

Gao L, Liu X H, Zou H, 2013. The role of human mobility in promoting Chinese outward FDI: a neglected factor? International Business Review, 22(2): 437-449.

Granovetter M, 1985. Economic action and social structure: the problem of embeddedness. American Journal of Sociology, 91(3): 481-510.

Greene W H, 2003. Econometric analysis. New Jersey: Prentice Hall.

Grimm C M, Lee H, Smith K G, 2006. Strategy as action: competitive dynamics and competitive advantage. New York: Oxford University Press.

Guillén M F, 2002. Structural inertia, imitation, and foreign expansion: South Korean firms and business groups in China, 1987-1995. Academy of Management Journal, 45(3): 509-525.

Hannan M T, Freeman J, 1977. The population ecology of organizations. American Journal of Sociology, 82(5): 929-964.

Haunschild P R, Miner A S, 1997. Modes of interorganizational imitation: the effects of outcome salience and uncertainty. Administrative Science Quarterly, 42(3): 472-500.

Haveman H A, 1993. Follow the leader: mimetic isomorphism and entry into new markets. Administrative Science Quarterly, 38(4): 593-627.

Helm S, 2007. The role of corporate reputation in determining investor satisfaction and loyalty. Corporate Reputation Review, 10(1): 22-37.

Henisz W J, Delios A, 2001. Uncertainty, imitation, and plant location: Japanese multinational corporations, 1990-1996. Administrative Science Quarterly, 46(3): 443-475.

Herrmann P, Datta D K, 2006. CEO Experiences: effects on the choice of FDI entry mode. Journal of Management Studies, 43 (4): 755-778.

Hevner A R, March S T, Park J, et al. , 2004. Design science in information systems research. MIS Quarterly, 28(1): 75-105.

Hofstede G, 2001. Culture's consequences: Comparing values, behaviors, institutions and organizations across nations. California: Sage Publications, Inc.

Hope O K, Thomas W, Vyas D, 2011. The cost of pride: why do firms from developing countries bid higher. Journal of International Business Studies, 42(1): 128-151.

Hu H W, Cui L, 2014. Outward foreign direct investment of publicly listed firms from China: a corporate governance perspective. International Business Review, 23(4): 750-760.

Huang X L, Chi R Y, 2014. Chinese private firms' outward foreign direct investment: does firm ownership and size matter? Thunderbird International Business Review, 56(5): 393-406.

Huang Y S, 2003. Selling China: foreign direct investment during the reform era. New York: Cambridge University Press.

Huang Y, Sternquist B, 2007. Retailers' foreign market entry decisions: an institutional perspective. International Business Review, 16(5): 613-629.

Huett P, Baum M, Schwens C, et al. , 2014. Foreign direct investment location choice of small and medium-sized enterprises: the risk of value erosion of firm-specific resources. International Business Review, 23(5): 952-965.

Hymer S H, 1976. The international operations of national firms: a study of direct foreign investment. Cambridge, MA: MIT Press.

Jensen M C, 2001. Value maximisation, stakeholder theory, and the corporate objective function. European Financial Management, 7 (3): 297-317.

Jensen M C, Meckling W H, 1976. Theory of the firm: managerial behavior, agency costs and ownership structure. Journal of Financial Economics, 3(4): 305-360.

Johanson J, Vahlne J E, 1977. The internationalization process of the firm: a model of knowledge development and increasing foreign market commitments. Journal of International Business Studies, 8(1): 23-32.

Kalotay K, Sulstarova A, 2010. Modelling Russian outward FDI. Journal of International Management, 16(2): 131-142.

Kang Y F, Jiang F M, 2012. FDI location choice of Chinese multinationals in East and Southeast Asia: traditional economic factors and institutional perspective. Journal of World Business, 47(1): 45-53.

Kaufmann D, Kraay A, Mastruzzi M, 2009. Governance matters VIII: aggregate and individual governance indicators, 1996-2008. Washington: Policy Research Working Paper Series from The World Bank.

Kaynak E, Demirbag M, Tatoglu E, 2007. Determinants of ownership-based entry mode choice of MNEs: evidence from Mongolia. Management International Review, 47(4): 505-530.

Khanna T, Palepu K G, 2006. Emerging giants: Building world-class companies in developing countries. Harvard Business Review, 84(10): 133-134.

Kim W C, Hwang P, 1992. Global strategy and multinationals' entry mode choice. Journal of International Business Studies, 23(1): 29-53.

Kogut B, Singh H, 1988. The effect of national culture on the choice of entry mode. Journal of International Business Studies, 19(3): 411-432.

Kostova T, Roth K, 2002. Adoption of an organizational practice by subsidiaries of multinational corporations: institutional and relational effects. Academy of Management Journal, 45(1): 215-233.

Kostova T, Roth K, Dacin M T, 2008. Institutional theory in the study of multinational corporations: a critique and new directions. Academy of Management Review, 33(4): 994-1006.

Lee Y, Hemmert M, Kim J, 2014. What drives the international ownership strategies of Chinese firms? The role of distance and home-country institutional factors in outward acquisitions. Asian Business and Management, 13(3): 197-225.

Lepoutre J, Heene A, 2006. Investigating the impact of firm size on small business social responsibility: a critical review. Journal of Business Ethics, 67(3): 257-273.

Li C G, Parboteeah K P, 2015. The effect of culture on the responsiveness of firms to mimetic forces: imitative foreign joint venture entries into China, 1985-2003. Journal of World Business, 50(3): 465-476.

Li J T, Yao F K, 2010. The role of reference groups in international investment decisions by firms from emerging economies. Journal of International Management, 16(2): 143-153.

Liang X Y, Lu X W, Wang L H, 2012. Outward internationalization of private enterprises in China: the effect of competitive advantages and disadvantages compared to home market rivals. Journal of World Business, 47 (1): 134-144.

Liu X H, Gao L, Lu J Y, et al., 2016. Does learning at home and from abroad boost the foreign subsidiary performance of emerging economy multinational enterprises? International Business Review, 25(1): 141-151.

Liu X H, Lu J Y, Chizema A, 2014. Top executive compensation, regional institutions and Chinese OFDI. Journal of World Business, 49(1): 143-155.

Lu J Y, Liu X H, Wang H L, 2011. Motives for outward FDI of Chinese private firms: firm resources, industry dynamics, and government policies. Management and Organization Review, 7(2): 223-248.

Lu J Y, Liu X H, Wright M, et al., 2014. International experience and FDI location choices of Chinese firms: the moderating effects of home country government support and host country institutions. Journal of International Business Studies, 45(4): 428-449.

Lu J W，2002. Intra-and inter-organizational imitative behavior：institutional influences on Japanese firms' entry mode choice. Journal of International Business Studies，33(1)：19-37.

Lu J W，Xu D，2006. Growth and survival of international joint ventures：an external-internal legitimacy perspective. Journal of Management，32(3)：426-448.

Luo Y D，Tan J J，1997. How much does industry structure impact foreign direct investment in China? International Business Review，6(4)：337-359.

Luo Y D，Tung R L，2007. International expansion of emerging market enterprises：a springboard perspective. Journal of International Business Studies，38(4)：481-498.

Luo Y D，Wang S L，2012. Foreign direct investment strategies by developing country multinationals：a diagnostic model for home country effects. Global Strategy Journal，2(3)：244-261.

Luo Y D，Xue Q Z，Han B J，2010. How emerging market governments promote outward FDI：experience from China. Journal of World Business，45(1)：68-79.

Luo Y D，Zhao H X，Wang Y G，et al.，2011. Venturing abroad by emerging market enterprises. Management International Review，51(4)：433-459.

Mathews J A，2006. Dragon multinationals：new players in 21st century globalization. Asia Pacific Journal of Management，23(1)：5-27.

Meyer J W，Rowan B，1977. American Journal of Sociology，83(2)：340-363.

Meyer K E，Estrin S，Bhaumik S K，et al.，2009. Institutions，resources，and entry strategies in emerging economies. Strategic Management Journal，30(1)：61-80.

Mezias S J，Chen YR，Murphy P，et al.，2002. National cultural distance as liability of foreignness：the issue of level of analysis. Journal of International Management，8(4)：407-421.

Morck R，Yeung B，Zhao M，2008. Perspectives on China's outward foreign direct investment. Journal of International Business Studies，39(3)：

337-350.

North D C, 1990. Institutions, institutional change and economic performance. New York: Cambridge University Press.

Oliver C, 1991. Strategic responses to institutional processes. Academy of Management Review, 16(1): 145-179.

Oliver C, 1992. The antecedents of deinstitutionalization. Organization Studies, 13(4): 563-588.

Padmanabhan P, Cho K R, 1999. Decision specific experience in foreign ownership and establishment strategies: evidence from Japanese firms. Journal of International Business Studies, 30(1): 25-41.

Pan Y G, Teng L F, Supapol A B, et al. , 2014. Firms' FDI ownership: the influence of government ownership and legislative connections. Journal of International Business Studies, 45(8): 1029-1043.

Pananond P, 2013. Where do we go from here? Globalizing subsidiaries moving up the value chain. Journal of International Management, 19(3): 207-219.

Park S H, Li S, Tse D K, 2006. Market liberalization and firm performance during China's economic transition. Journal of International Business Studies, 37(1): 127-147.

Peffers K, Tuunanen T, Rothenberger M A, et al. , 2007. A design science research methodology for information systems research. Journal of Management Information Systems, 24(3): 45-77.

Peng M W, 2003. Institutional transitions and strategic choices. Academy of Management Review, 28(2): 275-296.

Peng M W, 2012. The global strategy of emerging multinationals from China. Global Strategy Journal, 2(2): 97-107.

Post J E, Preston L E, Sachs S, 2002. Managing the extended enterprise: the new stakeholder view. California Management Review, 45(1): 6-28.

Quer D, Claver E, Rienda L, 2012. Political risk, cultural distance, and outward foreign direct investment: empirical evidence from large Chinese firms. Asia Pacific Journal of Management, 29(4): 1089-1104.

Rabbiosi L, Elia S, Bertoni F, 2012. Acquisitions by EMNCs in developed markets. Management International Review, 52(2): 193-212.

Ramasamy B, Yeung M, Laforet S, 2012. China's outward foreign direct investment: location choice and firm ownership. Journal of World Business, 47(1): 17-25.

Ruef M, Scott W R, 1998. A multidimensional model of organizational legitimacy: hospital survival in changing institutional environments. Administrative Science Quarterly, 43(4): 877-904.

Rui H, Yip G S, 2008. Foreign acquisitions by Chinese firms: a strategic intent perspective. Journal of World Business, 43(2): 213-226.

Salomon R, Wu Z Y, 2012. Institutional distance and local isomorphism strategy. Journal of International Business Studies, 43(4): 343-367.

Scott W R, 1995. Institutions and organizations. California: Sage Publications, Inc.

Shi W L, Markóczy L, Stan C V, 2014. The continuing importance of political ties in China. Academy of Management Perspectives, 28(1): 57-75.

Staw B M, Epstein L D, 2000. What bandwagons bring: effects of popular management techniques on corporate performance, reputation, and CEO pay. Administrative Science Quarterly, 45(3): 523-556.

Suchman M C, 1995. Managing legitimacy: strategic and institutional approaches. Academy of Management Review, 20(3): 571-610.

Sun S L, Peng M W, Lee R P, et al., 2015. Institutional open access at home and outward internationalization. Journal of World Business, 50 (1): 234-246.

Swoboda B, Elsner S, Olejnik E, 2015. How do past mode choices influence subsequent entry? A study on the boundary conditions of preferred entry modes of retail firms. International Business Review, 24(3): 506-517.

Tihanyi L, Griffith D A, Russell C J, 2005. The effect of cultural distance on entry mode choice, international diversification, and MNE performance: a meta-analysis. Journal of International Business Studies, 36 (3): 270-283.

Tolbert P S, Zucker L G, 1983. Institutional sources of change in the formal structure of organizations: the diffusion of civil service reform, 1880-1935. Administrative Science Quarterly, 28(1): 22-39.

Wang C Q, Clegg J, Kafouros M, 2009. Country-of-origin effects of foreign direct investment. Management International Review, 49 (2): 179-198.

Wang C Q, Hong J J, Kafouros M, et al. , 2012a. Exploring the role of government involvement in outward FDI from emerging economies. Journal of International Business Studies, 43(7): 655-676.

Wang C Q, Hong J J, Kafouros M, et al. , 2012b. What drives outward FDI of Chinese firms? Testing the explanatory power of three theoretical frameworks. International Business Review, 21(3): 425-438.

Weber M, 1978. Economy and society: an outline of interpretive sociology. California: University of California Press.

Westphal J D, Gulati R, Shortell S M, 1997. Customization or conformity? An institutional and network perspective on the content and consequences of TQM adoption. Administrative Science Quarterly, 42 (2): 366-394.

Witt M A, Lewin A Y, 2007. Outward foreign direct investment as escape response to home country institutional constraints. Journal of International Business Studies, 38(4): 579-594.

Wooldridge J M, 2015. Introductory econometrics: a modern approach. Mason: South-Western College Publishing.

Wu A Q, Voss H, 2015. When does absorptive capacity matter for international performance of firms? Evidence from China. International Business Review, 24(2): 344-351.

Wu J, Chen X Y, 2014. Home country institutional environments and foreign expansion of emerging market firms. International Business Review, 23(5): 862-872.

Xia J, Ma X F, Lu J W, et al. , 2014. Outward foreign direct investment by emerging market firms: a resource dependence logic. Strategic Management Journal, 35(9): 1343-1363.

Xie Q Y, 2010. State ownership, firm size, and Chinese firms' entry mode choices. Asia Pacific Journal of Management,27(3):1-27.

Xie Q Y, 2014. CEO tenure and ownership mode choice of Chinese firms: the moderating roles of managerial discretion. International Business Review, 23(5): 910-919.

Yamakawa Y, Peng M W, Deeds D L, 2008. What drives new ventures to internationalize from emerging to developed economies? Entrepreneurship Theory and Practice, 32(1): 59-82.

Yang M, 2009. Isomorphic or not? Examining cross-border mergers and acquisitions by Chinese firms, 1985-2006. Chinese Management Studies, 3(1): 43-57.

Yiu D, Makino S, 2002. The choice between joint venture and wholly owned subsidiary: an institutional perspective. Organization Science, 13 (6): 667-683.

Yiu D W, Lau C, Bruton G D, 2007. International venturing by emerging economy firms: the effects of firm capabilities, home country networks, and corporate entrepreneurship. Journal of International Business Studies, 38(4): 519-540.

Zorn D M, 2004. Here a chief, there a chief: The rise of the CFO in the American firm. American Sociological Review, 69(3): 345-364.

索　引